Stark im Kopf

AF634388

Aus Gründen der besseren Lesbarkeit wird bei Personenbezeichnungen die männliche Sprachform verwendet. Gemeint ist sowohl die männliche als auch die weibliche und die diverse Form.

Das vorliegende Buch wurde sorgfältig erarbeitet. Dennoch erfolgen alle Angaben ohne Gewähr. Weder der Autor noch der Verlag können für eventuelle Nachteile oder Schäden, die aus den im Buch vorgestellten Informationen resultieren, Haftung übernehmen.

Sollte diese Publikation Links auf Webseiten Dritter enthalten, so übernehmen wir für deren Inhalte keine Haftung, da wir uns diese nicht zu eigen machen, sondern lediglich auf deren Stand zum Zeitpunkt der Erstveröffentlichung verweisen.

STARK IM KOPF

– ERFOLGREICH IM SPORT

Ein sportpsychologisches Trainingsprogramm für kritische Wettkampfsituationen

MIT AUDIODATEI

Diethelm Wahl

Meyer & Meyer Verlag

Stark im Kopf

Bibliografische Information der Deutschen Nationalbibliothek
Die Deutsche Nationalbibliothek verzeichnet diese Publikation in der Deutschen Nationalbibliografie; detaillierte bibliografische Details sind im Internet über <http://dnb.d-nb.de> abrufbar.

Alle Rechte, insbesondere das Recht der Vervielfältigung und Verbreitung sowie das Recht der Übersetzung, vorbehalten. Kein Teil des Werkes darf in irgendeiner Form – durch Fotokopie, Mikrofilm oder ein anderes Verfahren – ohne schriftliche Genehmigung des Verlages reproduziert oder unter Verwendung elektronischer Systeme verarbeitet, gespeichert, vervielfältigt oder verbreitet werden.

© 2022 by Meyer & Meyer Verlag, Aachen
Auckland, Beirut, Dubai, Hägendorf, Hongkong, Indianapolis, Kairo, Kapstadt, Manila, Maidenhead, Neu-Delhi, Singapur, Sydney, Teheran, Wien

Member of the World Sport Publishers' Association (WSPA)

Gesamtherstellung: Print Consult GmbH, München

MIX
Paper from responsible sources
FSC® C084279

ISBN 978-3-8403-7816-4
E-Mail: verlag@m-m-sports.com
www.dersportverlag.de

Bildnachweis
Projektleitung: Riccardo Rip
Covergestaltung: Isabella Frangenberg
Layout: Isabella Frangenberg
Lekorat: Dr. Irmgard Jaeger
© dpa - Picture Alliance: S. 12, 13, 15, 24, 26, 30, 32, 38, 42, 44, 47, 48, 53, 65, 66, 71, 74, 76, 79, 81, 91, 95, 99, 101, 103, 109, 118, 120, 125, 132
© Michael Epp: S. 27
© Volker Strohmeier: S. 41, 45, 69, 85
© Daniel Soziev: S. 49
© Lazar Boskovic: S. 90

INHALT

A Worum geht es in diesem Buch? 8

B Probleme mit dem Kopf – warum? 10

1 Mentale Schwäche hat Ursachen 10
- Der Trainingsweltmeister 11
- Selbstanalyse: Wie stark bin ich im Kopf? 15

2 Wodurch wird die eigene Leistung beeinträchtigt? 19

3 Die Bedeutung der Emotionen 24
- Selbstanalyse: Meine typischen emotionalen Muster 33

4 Die Bedeutung der Motivation 35
- Selbstanalyse: Wie sehr glaube ich an mich selbst? 40

5 Die Bedeutung von Aufmerksamkeit und Antizipation 42
- Selbstanalyse: Wie konzentriert bin ich? 50

C Stark im Kopf – aber wie? 52

1 Das Erregungsniveau verringern 53
- 1.1 Tiefe Bauchatmung als erster Baustein 55
- 1.2 Muskelentspannung als zweiter Baustein 55
- 1.3 Systematische Verkürzung der Erregungsregulation als dritter Baustein 56
- 1.4 Trainingsablauf 60

2 Das Handeln erfolgreich steuern – oder warum Stoppcodes ein so wichtiges Instrument sind. 63
- 2.1 Wie komme ich zu meinen Stoppcodes? 65
- 2.2. Einige Beispiele für wirkungsvolle Stoppcodes 72

3 Die Motivation regulieren 75
3.1 Sich an positive Leistungen erinnern 75
3.2 Die eigenen Stärken betonen 77
3.3 Ziele setzen 79

4 Die Aufmerksamkeit gezielt steuern 84

5 Mit Vorstellungen arbeiten 89

6 Unter Handlungsdruck die richtigen Entscheidungen treffen 94

D Coaching 98

1 Fünf Todsünden 98
1.1 Erwartungen an das Ergebnis kommunizieren 98
1.2 Beim Coaching negative Emotionen signalisieren 100
1.3 Zu viele Tipps geben 103
1.4 Dominieren statt interagieren 105
1.5 Starre Strategien vorgeben 106

2 Vier hilfreiche Grundhaltungen beim Coachen 108
2.1 Die „Was-muss-ich-tun-Ebene" anstreben 108
2.2 Den Glauben an sich selbst stärken 108
2.3 Wenige Tipps geben 111
2.4 Als „Unterstützer" fungieren 111

3 Kurzer Leitfaden für sportpsychologisches Coaching 113
3.1 Diagnose im Informationsdreieck 113
3.2 Festlegen des Arbeitsschwerpunkts 114
3.3 Beispiele für Arbeitsschwerpunkte 115
3.4 Training mit der Audiodatei 121
3.5 Coaching im Zeitablauf 123

E Wie kann ich als Sportlerin oder Sportler alleine mit Buch und Audiodatei trainieren? – Eine kurze Anleitung............ 124

Anhang

1 Literatur..134
2 Zum Autor 135
3 Audiodatei...136
4 QR-Code zum Herunterladen der Audiodatei..144

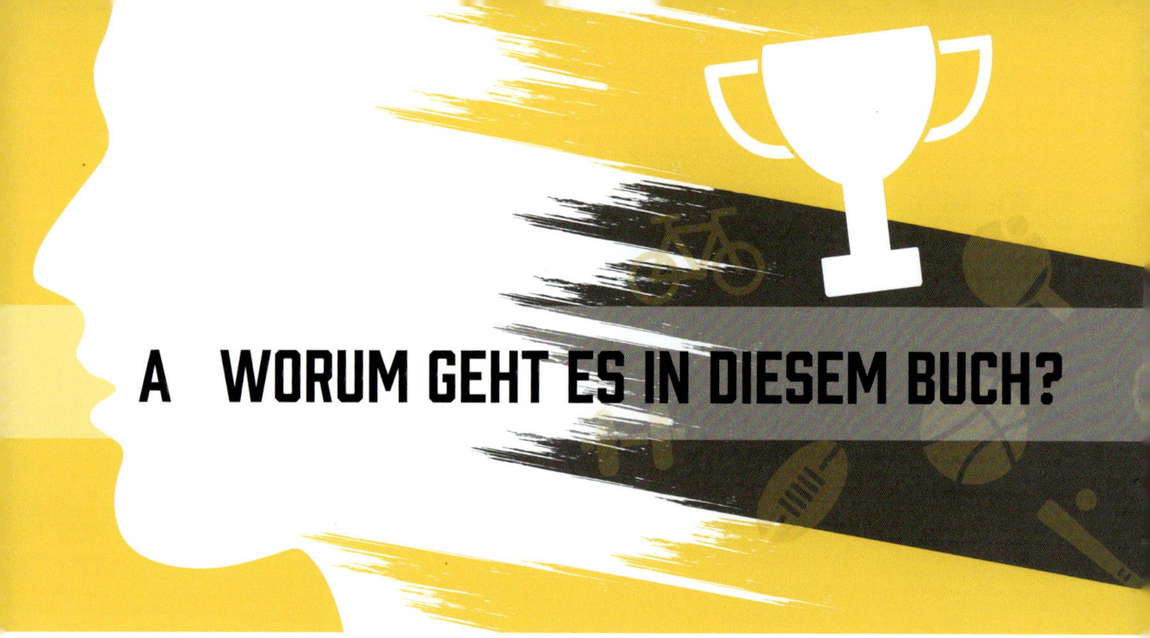

A WORUM GEHT ES IN DIESEM BUCH?

In kritischen Wettkampfsituationen stark im Kopf zu sein, das ist nicht angeboren. Das kann man lernen. Und vor allem kann man es systematisch trainieren! In diesem Buch wird ein wirksames **sportpsychologisches Trainingsverfahren** vorgestellt, das nachweislich hilft, „stark im Kopf" und damit erfolgreich im Sport zu sein.

„Sportpsychologisch" bedeutet, dass das Trainingsprogramm wissenschaftlich begründet ist durch Erkenntnisse der Psychologie und der Sportpsychologie. Wichtige Aspekte sind Emotion, Motivation, Konzentration, Antizipation und Bewegungssteuerung.

„Trainingsverfahren" bedeutet, dass das Buch nicht nur durch vier Tests und einen Analysebogen zur Selbstanalyse anleitet, sondern dass auch eine Audiodatei beigefügt ist, mit der mentale Stärke trainiert werden kann.

Dies geschieht in vier Schritten: In einer Langform von 10 Minuten Dauer lernt man es, das eigene Handeln durch sogenannte *Stoppcodes* in den Griff zu bekommen. Stoppcodes sind eine ganz spezielle, von mir selbst entwickelte Form des „inneren Sprechens", die es mit entsprechendem Training ermöglicht, sich im Sport gezielt zu steuern.

Zwei Arten von Stoppcodes werden eingeübt: ein erster Stoppcode zum Umgang mit beeinträchtigenden Emotionen in kritischen Wettkampfsituationen. Ein zweiter Stoppcode, mit dem man Motivation, Konzentration, Antizipation und sportartspezifische Bewegungen regulieren kann.

Damit es gelingt, sich mitten im Wettkampf zu steuern, wird das Training von 10 Minuten zunächst auf drei Minuten, dann auf eine Minute und abschließend auf wenige Sekunden verkürzt, jeweils angeleitet durch die Audiodatei.

Mit diesem sportpsychologischen Trainingsverfahren können **Sportlerinnen und Sportler aller Disziplinen** und aller Leistungsstärken arbeiten. Gleichermaßen können alle **Trainerinnen und Trainer** dieses Programm einsetzen. Für sie gibt es ein spezielles Coachingkapitel, abgerundet durch einen Coachingleitfaden.

ZUR GENDERSENSIBLEN SPRACHE

Bei einem Hochschul-Fußballturnier der Frauen wollte die Mannschaftsführerin von der Raumdeckung auf die sogenannte *Manndeckung* umstellen. Sie rief ihren Mitspielerinnen zu: „Jeder deckt seinen Mann!" Als Zuschauer blieb mir der Mund offen stehen. Ich erwartete lautstarken Protest der Studentinnen. Ich erwartete, dass sie gegen diese sexistische Formulierung Sturm laufen würden. „Jeder" statt „jede". „Seinen" statt „seine". „Mann" statt „Frau". Aber nichts davon geschah.

Die ansonsten höchst genderbewussten jungen Frauen fanden nichts dabei, sondern deckten ab diesem Moment ihre Gegenspielerin. Für sie war es lediglich eine sachliche Anweisung. Nicht mehr. Daraus habe ich als verblüffter Zuschauer gelernt, dass man nicht jede sprachliche Formulierung erkennungsdienstlich auf Sexismusvergehen hin untersuchen sollte.

In diesem Buch versuche ich zwar, wann immer möglich, die männliche UND die weibliche Form zu verwenden, wobei diverse Geschlechter stets mitgemeint sind. Ich bitte jedoch um Nachsicht, wenn ich in Ausnahmefällen davon abweiche. Ich orientiere mich an der Empfehlung des Rates für Deutsche Rechtschreibung aus dem Juni 2018:

„Die weit verbreitete Praxis, immer von Frauen und Männern in weiblicher und männlicher Form, im Plural oder in Passivkonstruktionen zu schreiben, wird der Erwartung geschlechtergerechter Schreibung derzeit am ehesten gerecht."

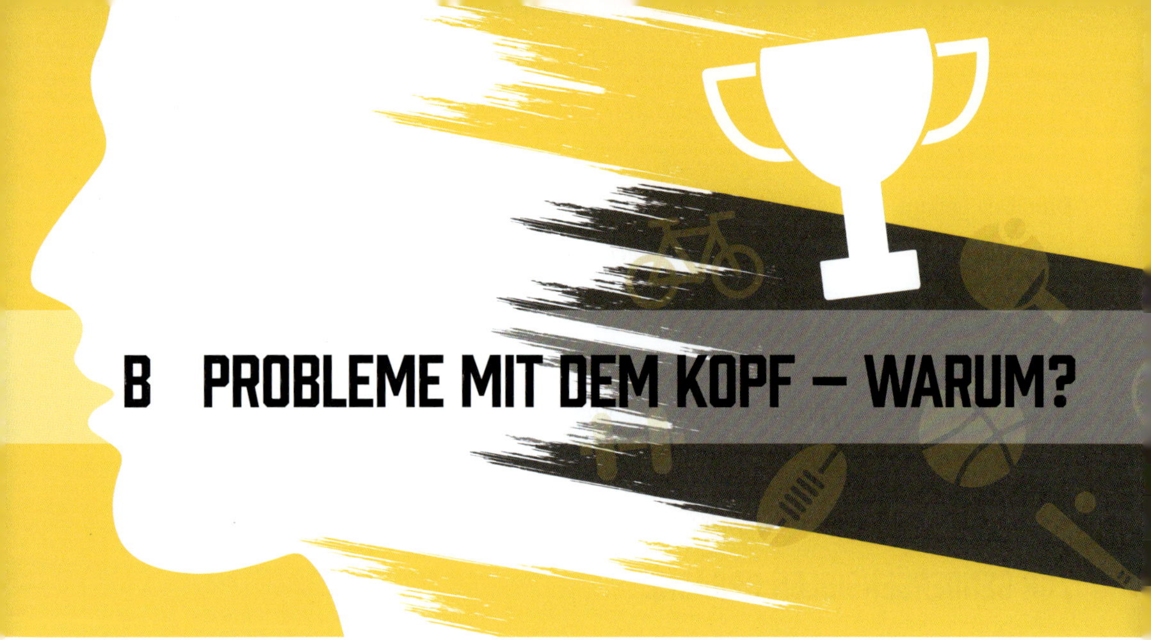

B PROBLEME MIT DEM KOPF – WARUM?

1 MENTALE SCHWÄCHE HAT URSACHEN

Seit über 20 Jahren arbeite ich mit Spitzensportlerinnen und Spitzensportlern: Weltmeistern, Europameistern, deutschen Meistern, Landesmeistern sowie mit Athletinnen und Athleten weiterer Leistungsbereiche. Die Disziplinen sind zahlreich. Sie erstrecken sich von meiner Lieblingssportart Tischtennis, die ich seit meinem siebten Lebensjahr ausübe, Tennis, führen weiter über Kampfsportarten wie Karate und Ringen bis hin zu Dartspielern, Ausdauersportlern und Schützen.

Wenn sich Sportlerinnen und Sportler an mich wenden, ganz gleich, welchen Niveaus, so thematisieren sie stets das gleiche Problem: eine Diskrepanz zwischen dem, was sie „eigentlich" können und dem, was sie davon im Wettkampf zeigen. Häufig stellen sie im Training ihre Leistungsstärke unter Beweis.

Doch im Ernstfall „versagen" sie. Das belastet, weil sie auf diese Weise hinter ihren eigenen Möglichkeiten und den damit verknüpften Erwartungen zurückbleiben. Die Folgen sind Unzufriedenheit, Enttäuschung, Selbstvorwürfe bis hin zu dem unheilvollen Gedanken, alles hinzuwerfen und ganz aufzuhören.

So erlebe ich es immer wieder, dass Athletinnen oder Athleten direkt nach einem enttäuschenden Abschneiden in einer Mischung aus Ärger und Hilflosigkeit resignierend ihre

Sportausrüstung in die Ecke schleudern oder – wie etwa bei Tennis oder Tischtennis zu beobachten – im Affekt auch mal ihre Schläger zerbrechen.

Was sich alle Sportlerinnen und Sportler wünschen, das ist das, was man als „mentale Stärke" bezeichnet. Darunter versteht man „das Verfügen über effektive Selbstregulationsmöglichkeiten, die es ermöglichen, auch unter ungünstigen Bedingungen ihr Leistungspotential abzurufen" (Beckmann & Elbe, 2011 [1], S. 19).

„Als mental stark gelten jene Athlet*innen, die aufgrund ihrer mentalen Fertigkeiten imstande sind, ungeachtet der Situations- und Umgebungsfaktoren im Wettkampf am Leistungslimit zu agieren" (Gubelmann & Stoll, 2019 [2], S. 209). Memmert und Leiner (2020) verweisen in ihrem Buch *Tennisspiele werden im Kopf entschieden* ebenfalls auf die besondere Bedeutung kognitiver Fähigkeiten im Sport [3].

DER TRAININGSWELTMEISTER

Vor einiger Zeit kam ein Trainer auf mich zu. Der von ihm betreute Ringer habe ein Problem. Im Training agiere er völlig anders als im Wettkampf. Unbeschwert, dynamisch und einfallsreich ringe er auf höchstem Niveau und sei absoluter Topkandidat für den deutschen Meistertitel.

Im Wettkampf dagegen wirke er auf der Matte wie eingefroren, statisch, uninspiriert und verliere auch gegen Gegner, die er im Training mehrfach locker auf die Schulter geworfen habe.

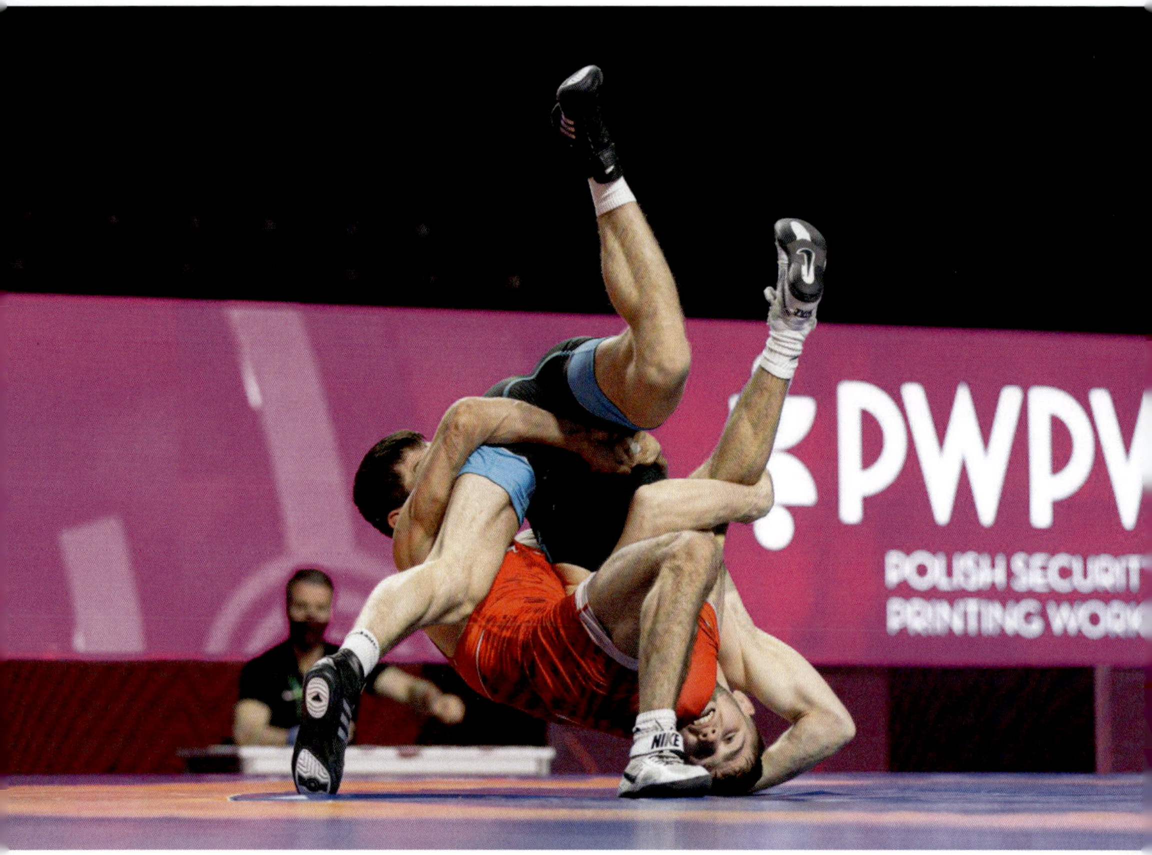

Die Zusammenarbeit mit dem Athleten zeigte, dass die Ursachen nicht in den speziellen Eigenschaften der Halle oder der Matte zu suchen waren (Umgebungsfaktoren), sondern ausschließlich in seinem „Kopf". Im Training war er furchtlos und aktivierte unbeschwert sein großes Können.

Im Wettkampf dominierte dagegen die Angst vor einer Niederlage und füllte sein Denken so stark aus, dass seine Handlungen gehemmt waren.

Angst essen Seele auf lautet der Titel eines Films von Rainer Werner Fassbinder. So agierte der Sportler blockiert. Er konnte seine Kompetenz nicht in Performanz (tatsächlich erbrachte Leistung) ummünzen. Sein Ziel war deshalb, in Wettkampfsituationen „stark im Kopf" zu sein.

In seinem Fall bedeutete das, den Gedanken an das Ergebnis keinen Raum zu gönnen, sondern seine Konzentration voll auf Taktik und Bewegungsausführung zu richten.

DAS SELBSTVERTRAUEN BRICHT ZUSAMMEN

Eine Langstreckenläuferin wandte sich mit einem mentalen Problem an mich. Zu Beginn des Wettkampfs war sie ruhig, konzentriert und zuversichtlich. Sie war in der Lage, den eigenen körperlichen Zustand präzise zu überwachen, also am Limit zu laufen: weder zu schnell noch zu langsam.

Doch wenn sie auf den letzten Kilometern überraschend überholt wurde, reagierte sie auf zwei unvorteilhafte Weisen. Entweder zog sie panisch das höhere Tempo mit, lief dadurch zu schnell, kam in die anaerobe Phase und erlebte einen Leistungseinbruch. Oder sie resignierte angesichts der Leistungsdemonstration ihrer Gegnerin, wurde langsamer und in der Folge von weiteren Läuferinnen abgefangen.

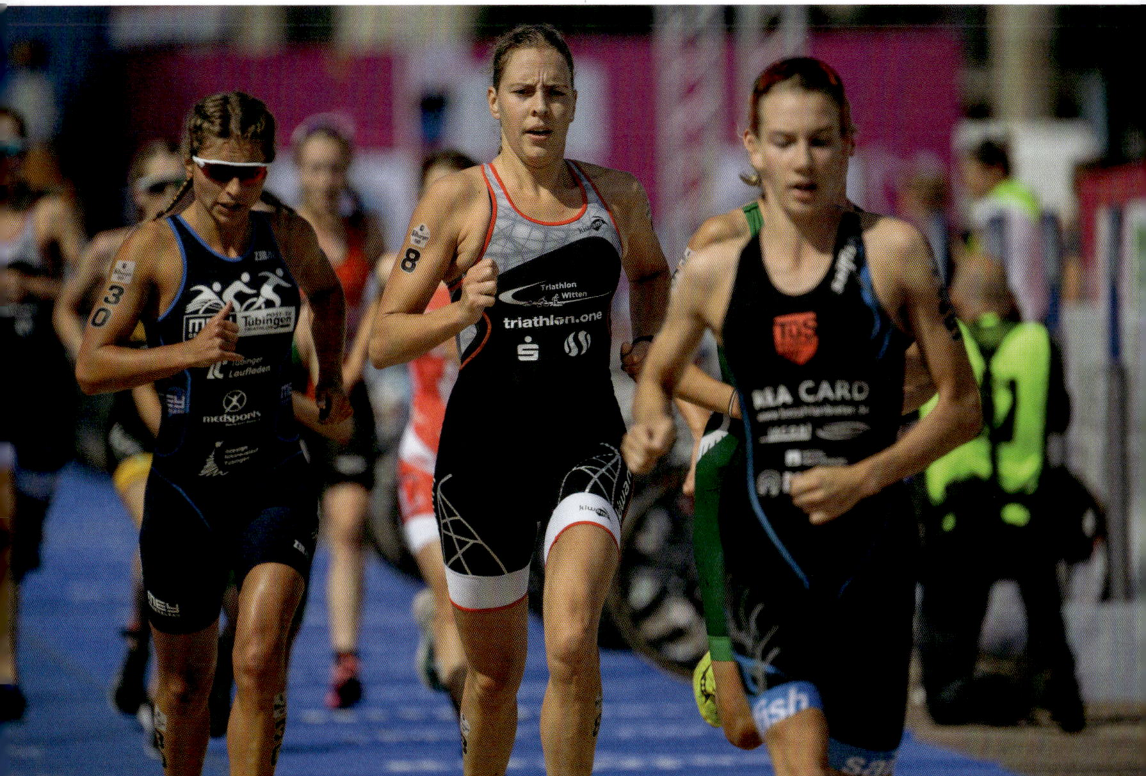

Die Zusammenarbeit mit der Läuferin ergab, dass sich deren Motivation aus der Überzeugung speiste, sie sei eine der besten Europäerinnen in ihrer Disziplin. Das spornte sie nicht nur an, hart zu trainieren. Das verlieh ihr auch das Selbstvertrauen, Wettkämpfe rational und ruhig anzugehen. Gegen Ende unvermutet überholt zu werden, das nagte jedoch so sehr an ihrem Selbstbild, dass sie von ihren Emotionen überschwemmt wurde. Der Zweifel am erhofft exzellenten Abschneiden setzte ihr bis dahin kontrolliertes Handeln außer Kraft und bewirkte irrationale Reaktionen.

Ihr Ziel war deshalb, auch in kritischen Situationen „stark im Kopf" zu sein. In ihrem Fall bedeutete das, weiterhin an ihrer erfolgreichen Strategie festzuhalten, also präzise am Limit zu laufen und den Gefühlen nicht die Herrschaft zu überlassen.

ZU SEHR MIT SICH SELBST BESCHÄFTIGT

Ein leistungsstarker Tischtennisspieler blieb in wichtigen Wettkämpfen immer dann weit hinter seinen Möglichkeiten zurück, wenn es in die entscheidenden Phasen ging, z. B. bei den letzten Ballwechseln eines Finales. Plötzlich machte er ganz einfache Fehler, bewegte sich weniger als zuvor, stand deshalb nicht mehr richtig zum Ball und ließ sich „abschießen", wie es im Tischtennis-Slang heißt. Hinterher war er verzweifelt.

Die Zusammenarbeit mit dem Spieler zeigte, dass der Leistungseinbruch mit der Verlagerung der Aufmerksamkeit zu tun hatte. Tischtennis ist keine Sportart der Reaktion, sondern der Antizipation. Auf höchstem Niveau kann man nur agieren, wenn man an den Ausholbewegungen (Arm, Handgelenk) des Gegners rechtzeitig erkennt, wohin der Ball gespielt wird, welche Rotation der Ball voraussichtlich haben wird usw. Auf dieser Grundlage wählt man die eigenen Gegenmaßnahmen aus.

Das ist bei jeder schnellen Sportart sehr beanspruchend, denn man muss sich ständig zwingen, alle Anzeichen für die Aktionen des Gegners richtig zu „lesen".

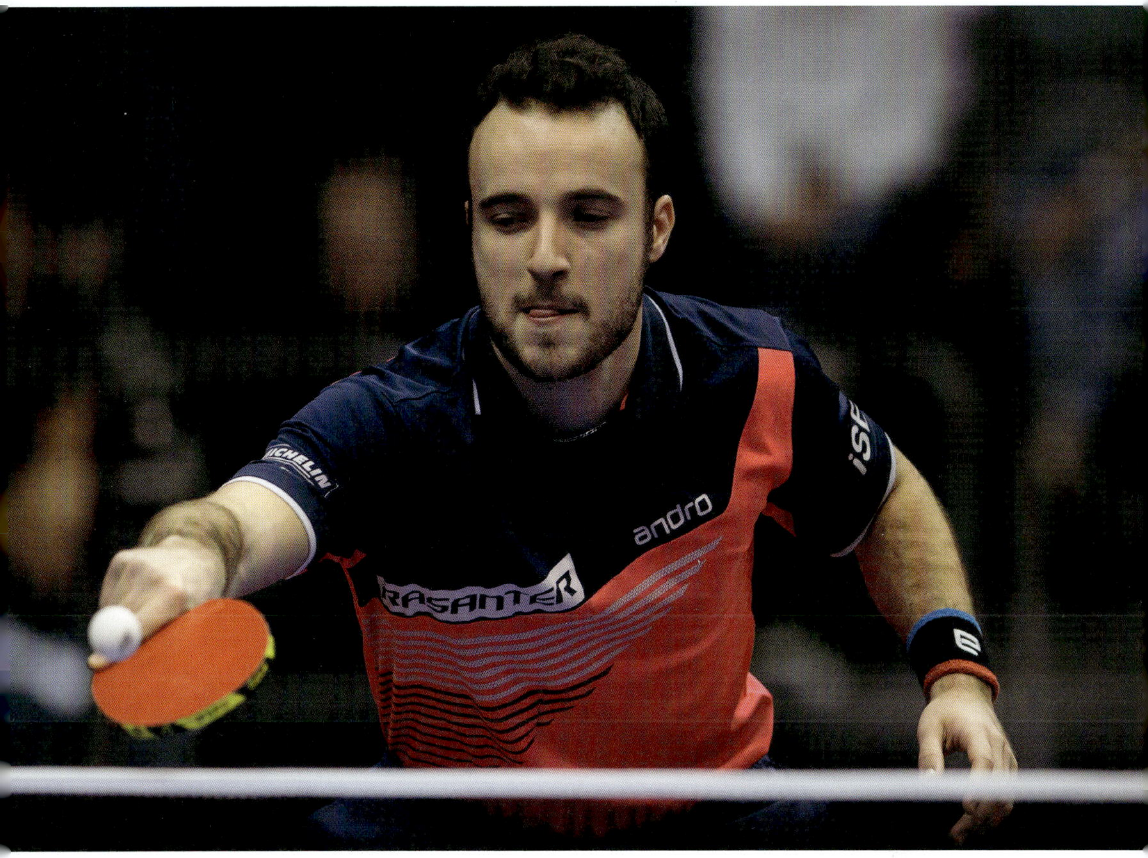

Im Fallbeispiel „sprang" jedoch die Aufmerksamkeit des Spielers in den entscheidenden Situationen weg von der Antizipation, ging nach innen zum momentanen Spielstand und den damit verknüpften Hoffnungen und Befürchtungen. So blieb zu wenig Kapazität für die eigene Bewegungssteuerung, sodass der Spieler häufig „zu spät dran" war.

Sein Ziel war deshalb, auch in kritischen Situationen „stark im Kopf" zu sein. In seinem Fall bedeutete das, auch am Satzende die Aufmerksamkeit auf die Ausholbewegungen des Gegners zu richten, statt durch die Beschäftigung mit sich selbst beeinträchtigt zu sein.

SELBSTANALYSE: WIE STARK BIN ICH IM KOPF?

Wer sich selbst ein wenig kennt, der kann durch die Erinnerung an vergangene sportliche Ereignisse einschätzen, wie groß etwa die eigene mentale Stärke beschaffen ist. Im sportpsychologischen Coaching erfasst man das präziser durch eine Diagnose aus drei Perspektiven:

1. Die Athletin oder der Athlet berichten möglichst viel darüber, was in kritischen Situationen in ihnen abläuft. Das ist die Innensichtperspektive.
2. Personen, welche die Athletin oder den Athleten kennen, berichten von ihren Eindrücken. Das ist die erste Außensichtperspektive.
3. Schließlich ist es unverzichtbar, dass die coachende oder sportpsychologisch beratende Person in wichtigen Leistungssituationen anwesend ist, so genau wie möglich das Verhalten beobachtet und so zeitnah wie leistbar nach dem Wettkampf die Athletin oder den Athleten zu den gerade abgelaufenen Prozessen befragt. Die Beobachtung durch den Coach ist die zweite Außensichtperspektive.

Auf diese Weise entsteht ein Informationsdreieck (*Triangulation* genannt) aus zwei Außen- und einer Innensichtperspektive, das vor allem dann einen sehr guten Einblick in die mentalen Prozesse erlaubt, wenn direkt nach dem Wettkampf die Innenwelt der Sportlerinnen und Sportler erfasst wird, weil die Eindrücke noch frisch und damit besonders aussagekräftig sind.

Ergebnisse der Grundlagenforschung zeigen [4], dass nach einem Wettkampf die Ereignisse recht schnell verblassen: Die Eindrücke werden lückenhaft und grob, während sie direkt danach erstaunlich differenziert sind.

Um jedoch erste Anhaltspunkte zu gewinnen, können Sie versuchen, sich selbst einzuschätzen. Dazu einige Fragen zur Analyse Ihrer eigenen mentalen Stärke.

HINWEIS

Die Fragen sind weniger im Sinne von Testfragen zu verstehen, die man exakt zahlenmäßig auswertet, sondern mehr als Impulse zum Nachdenken über eigene Stärken und mögliche Entwicklungsbereiche.

1. Ein oder zwei Tage vor einem wichtigen Wettkampf schlafe ich schlechter.

IMMER HÄUFIG SELTEN NIE
○ ○ ○ ○

2. In der Aufwärmphase kann ich mich schlecht konzentrieren.

IMMER HÄUFIG SELTEN NIE
○ ○ ○ ○

3. Zu Beginn eines Wettkampfs fühle ich mich wie gelähmt.

IMMER HÄUFIG SELTEN NIE
○ ○ ○ ○

4. Ich brauche lange, bis ich in Schwung komme.

IMMER HÄUFIG SELTEN NIE
○ ○ ○ ○

5. Während eines Wettkampfs schweife ich gedanklich ab.

IMMER HÄUFIG SELTEN NIE
○ ○ ○ ○

6. Im Wettkampf bleibe ich hinter meinen Fähigkeiten zurück.

IMMER HÄUFIG SELTEN NIE
○ ○ ○ ○

7. Während des Wettkampfs ärgere ich mich über meine Leistungen.

IMMER HÄUFIG SELTEN NIE
○ ○ ○ ○

8. Wenn ich auf der Verliererstraße bin, resigniere ich.

IMMER HÄUFIG SELTEN NIE
○ ○ ○ ○

9. Wenn ich hoch führe, lässt meine Anstrengung nach.

IMMER HÄUFIG SELTEN NIE
○ ○ ○ ○

10. Wenn ich schlecht abschneide oder verliere, spiele ich mit dem Gedanken, keine Wettkämpfe mehr zu bestreiten.

IMMER HÄUFIG SELTEN NIE
○ ○ ○ ○

Wenn mindestens drei der 10 Fragen mit „immer" oder „häufig" beantwortet wurden, dann ist zu erwarten, dass das Training mit dem hier vorgestellten sportpsychologischen Programm zu einer Steigerung der Wettkampfleistungen führt.

2 WODURCH WIRD DIE EIGENE LEISTUNG BEEINTRÄCHTIGT?

Erfolg im Sport hat zahlreiche Voraussetzungen. Hohe Motivation sorgt für intensives Trainieren. Heute weiß man, dass in allen Sportarten zwischen 10.000 und 20.000 Trainingsstunden erforderlich sind, um auf höchstes Niveau zu gelangen [5]. Doch das ist nicht alles.

Die einzelnen Bewegungen und Abläufe müssen weitgehend automatisiert sein, damit möglichst viel intellektuelle Kapazität für die speziellen Anforderungen während eines Wettkampfs zur Verfügung steht. Nur so ist es möglich, dass sich die gesamte Aufmerksamkeit auf das konzentriert, was jetzt im Moment zu tun ist.

Die Aufmerksamkeit darf sich nicht auf Hoffnungen oder Befürchtungen richten, denn sonst werden Erfolg versprechende Strategien durch Ängste blockiert oder durch Ärger über die momentane Leistung in blindes Attackieren verwandelt.

Automatisierungsgrad, Aufmerksamkeitssteuerung, Gefühle und Motivation stehen nicht isoliert nebeneinander, sondern sind wechselseitig aufeinander bezogen. So entsteht ein kompliziertes Geflecht gegenseitiger Beeinflussungen.

Um jedoch Ansatzpunkte für mentale Interventionen zu finden, ist es sinnvoll, die einzelnen Komponenten zunächst einmal einzeln zu betrachten. Das erlaubt es, an der Bewegungsausführung anzusetzen, an der Konzentration, an der Antizipation, an den aufsteigenden Emotionen, am Selbstvertrauen, an der Trainingsgestaltung, an der Wettkampfvorbereitung usw.

Geht man so vor, dann kann man sicher sein, dass der gesetzte Impuls sich wie eine Welle auf die damit verknüpften Faktoren auswirkt.

DIE NUMMER EINS IST VON SICH SELBST ENTTÄUSCHT

VOR DEM WETTKAMPF

Entscheidendes Spiel um den Aufstieg. Der Spitzenspieler einer erfolgreichen Tischtennismannschaft erwartet von sich in den entscheidenden Begegnungen deutlich mehr Siege als Niederlagen.

Um die entsprechenden Voraussetzungen für seine hohen Ziele zu schaffen, intensiviert er das Training. Weil er härter und häufiger trainiert als zuvor, wird seine Muskulatur überbeansprucht: sie verhärtet sich, ist nicht wie gewohnt locker.

Therapieversuche mit Massage, Sauna und Schmerzgels helfen nur bedingt. Das zentrale Problem: Die Nummer eins fühlt sich als Bester ihres Teams besonders für den Aufstieg verantwortlich.

WÄHREND DES WETTKAMPFS

Die Nummer eins möchte gerne den Erwartungen der mitgereisten Fans wie der Mannschaftskameraden gerecht werden. Er hat ständig die Bedeutung des Spiels im Kopf. Seine Aufmerksamkeit ist vor allem auf das Ergebnis und weniger auf das eigene Spiel gerichtet. Das beeinträchtigt die Bewegungsausführung.

Den Videoaufzeichnungen ist klar zu entnehmen, dass einzelne Schläge nicht „voll durchgezogen" werden, sondern zu früh – also technisch nicht korrekt – enden. Die Nummer eins bemerkt die Leistungseinbuße, wird ängstlich und verkrampft.

Die Flexibilität im strategischen Vorgehen nimmt ab, die Gegner können leicht erahnen, was die Nummer eins vorhat. Vor allem bei knappen Spielständen agiert die Nummer eins ohne Selbstvertrauen, teils mutlos, teils überhastet, teils viel zu risikoreich. So bleibt er deutlich hinter seiner normalen Leistung zurück.

NACH DEM WETTKAMPF

Die Nummer eins ist am Boden zerstört. Zwar ist sein Team aufgestiegen, aber er hat wenig dazu beigetragen. So kann er sich über den Aufstieg nicht wirklich freuen und steht etwas verstört im Jubel seiner Teamkollegen.

Es ist leicht zu erkennen, dass es zahlreiche Ansatzpunkte für Interventionen gibt. Wo könnte man ansetzen?

[A] AN DEN ERWARTUNGEN

Diese werden von außen an die Athletinnen und Athleten herangetragen. Das Umfeld hofft auf Erfolge und signalisiert dies deutlich. Auch die Betreuer kommunizieren, was sie erwarten und produzieren Killersätze wie: „Gegen die/den gewinnst du auf jeden Fall" (vgl. Kap. D1).

Hinzu kommen die Erwartungen, welche die Athletinnen und Athleten an sich selbst richten. Diese orientieren sich an jenem Bild, das sich die Sportlerinnen und Sportler von ihrer eigenen Leistungsfähigkeit machen. Diese Bilder sind nicht immer realistisch. Wer sich überschätzt, wird stets enttäuscht sein.

Ein zweites Problem liegt darin, dass sich die Erwartungen vor allem auf das Ergebnis richten. Das ist nicht hilfreich, denn ein gutes Abschneiden setzt voraus, dass ich gut ringe, überlegt laufe, taktisch klug spiele, technisch sauber schieße, im richtigen Moment attackiere usw.

Vergleiche ich während des Wettkampfs ständig meine momentane Leistung mit der erhofften Leistung, dann beansprucht dies intellektuelle Kapazität, die mir für die Steuerung meiner Bewegungen, das Verfolgen meiner Strategien usw. fehlt. Im Fallbeispiel wäre es folglich gut gewesen, die Gedanken von Nummer eins auf jene Aspekte zu lenken, die für eine gute Leistung ausschlaggebend sind.

Das gelingt mit ganz speziellen Formen intensiv trainierter Selbstinstruktionen, die wir „Stoppcodes" nennen. Mit Stoppcodes stoppt man ungünstige Entwicklungen ab und bahnt erfolgreiches Agieren an (vgl. Kap. C2).

[B] AN DER TRAININGSGESTALTUNG

Natürlich ist es sinnvoll, vor wichtigen Wettkämpfen entsprechend hart zu trainieren. Wer jedoch dabei sein übliches Trainingspensum erhöht, muss prüfen, ob er dadurch sein Leistungsvermögen tatsächlich steigert oder ob er sich physiologisch überlastet und sein Leistungsvermögen eher beeinträchtigt.

Eine echte Alternative ist es, nicht das Ausmaß des Trainings zu verändern, sondern seine Gestaltung. Beispielsweise werden in etlichen Sportarten zu viele regelmäßige Übungen durchgeführt, bei denen man ganz genau weiß, welche Aktion des Gegenübers zu beantworten ist. Besser ist es, wettkampfnahe Entscheidungssituationen zu trainieren.

Beispielsweise kann man im Tischtennis als Übungsform einen Spielstand von 9:9 im Entscheidungssatz vorgeben, wodurch jede Aktion spielentscheidend wird, denn beim 11. Punkt bzw. bei zwei Punkten Differenz ist das Match schon zu Ende. Die Nummer eins hätte kritische Spielsituationen trainieren können (vgl. Kap. C6), in denen es auf jeden Ball ankommt, in denen der Spieler sich keine Fehler erlauben darf, sondern auf höchstem Niveau agieren muss.

Auf diese Weise hätte er sich für knappe Spielstände „impfen" können, in denen er besonders anfällig ist für Leistungseinbrüche. Hinter dieser Vorgehensweise steht das erfolgreiche Konzept der „Stressimpfung" (vgl. [6, 7]).

[C] AN DEN EMOTIONEN

Die Nummer eins wird in Wettkampfsituationen von ihren Emotionen überschwemmt. Die Angst, zu versagen, führt nicht nur zu verkrampften Bewegungen, sondern auch zu einem Verfall seiner Strategien, indem er einerseits zu hektisch, andererseits zu passiv handelt.

Im emotionalen Bereich wird deutlich, dass wir Menschen im Kopf die Gehirne von Säugetieren haben. Diese agieren bei Bedrohung mit Flucht oder Angriff. Je mehr Feinmotorik eine Sportart den Athletinnen und Athleten abverlangt, desto größer ist die Leistungseinbuße. Die Nummer eins hätte es lernen können, professionell mit ihren Gefühlen umzugehen (vgl. Kap. C1).

Das zugehörige Training, auf der beigefügten Audiodatei zu finden, umfasst die tiefe Bauchatmung, die Muskelentspannung und als kognitive Komponenten das „innere Sprechen" mit zwei Formen von Stoppcodes sowie das Vorstellen von Bewegungen. Mit diesem Verfahren kann man sich in den Tagen vor entscheidenden Wettkämpfen beruhigen, am Wettkampftag selbst, beim Warmmachen sowie mitten im Wettkampf.

Die Aufgeregtheit wird verringert. Sie ist zwar noch zu spüren, aber sie beeinträchtigt nicht mehr die Leistung. Vor allem werden panische Aktionen verhindert.

[D] AN DER BEWEGUNGSAUSFÜHRUNG

Das Leistungsvermögen in jeder Sportart hängt auch von der Qualität der sportartspezifischen Bewegungen ab. Diese werden entsprechend intensiv trainiert. Im Gehirn sind Vorstellungen gespeichert, wie diese Bewegungen auszusehen haben.

Die Forschung zeigt, dass man durch gedankliches Training tatsächlich die eigene Leistungsfähigkeit steigern kann, indem man sich die erforderlichen Bewegungen mit großer Präzision und wie in Zeitlupe vorstellt. Dadurch kommen nicht nur die zugehörigen neuronalen Prozesse im Gehirn in Gang, sondern es werden auch die Wege zu den einzelnen Muskelpartien gebahnt. Auf diese Weise wird die tatsächliche Bewegungsausführung optimiert (vgl. Kap. C5).

Die Nummer eins hätte zwischen den verschiedenen Matches oder auch bei Wettkampfunterbrechungen während eines Matches die Augen schließen oder ins Leere schauen können, um sich vorzustellen, wie die auszuführenden Schläge auszusehen hätten. Um sich im Wettkampf daran zu erinnern, hätte er die Ausführung des jeweiligen Schlags mit der Selbstinstruktion bzw. dem sportartspezifischen Stoppcode „voll durchziehen" unterstützen können. Damit hätte er der emotional bedingten Verkürzung seiner Bewegungen aktiv entgegengewirkt.

Wo immer man in diesem Fallbeispiel ansetzt, zeigen sich Auswirkungen auf weitere Bereiche. Veränderte Erwartungen führen zu einer effizienteren Trainingsgestaltung. Ein kompetenter Umgang mit den aufsteigenden Emotionen bewirkt eine freiere Bewegungsausführung. Eine Verlagerung der Aufmerksamkeit weg vom Ergebnis und hin zu Antizipation sowie zum strategischen Vorgehen erhöht die Erfolgswahrscheinlichkeit.

Nachfolgend werden die Bedeutungen der Komponenten Emotion, Motivation, Aufmerksamkeit und Antizipation skizziert. Danach wird gezeigt, wie man das Erregungsniveau regulieren, die Motivation steuern, die Aufmerksamkeit verlagern, negative Prozesse mit Stoppcodes unterbrechen, mit Vorstellungen arbeiten sowie das Training wettkampfnah gestalten kann.

3 DIE BEDEUTUNG DER EMOTIONEN

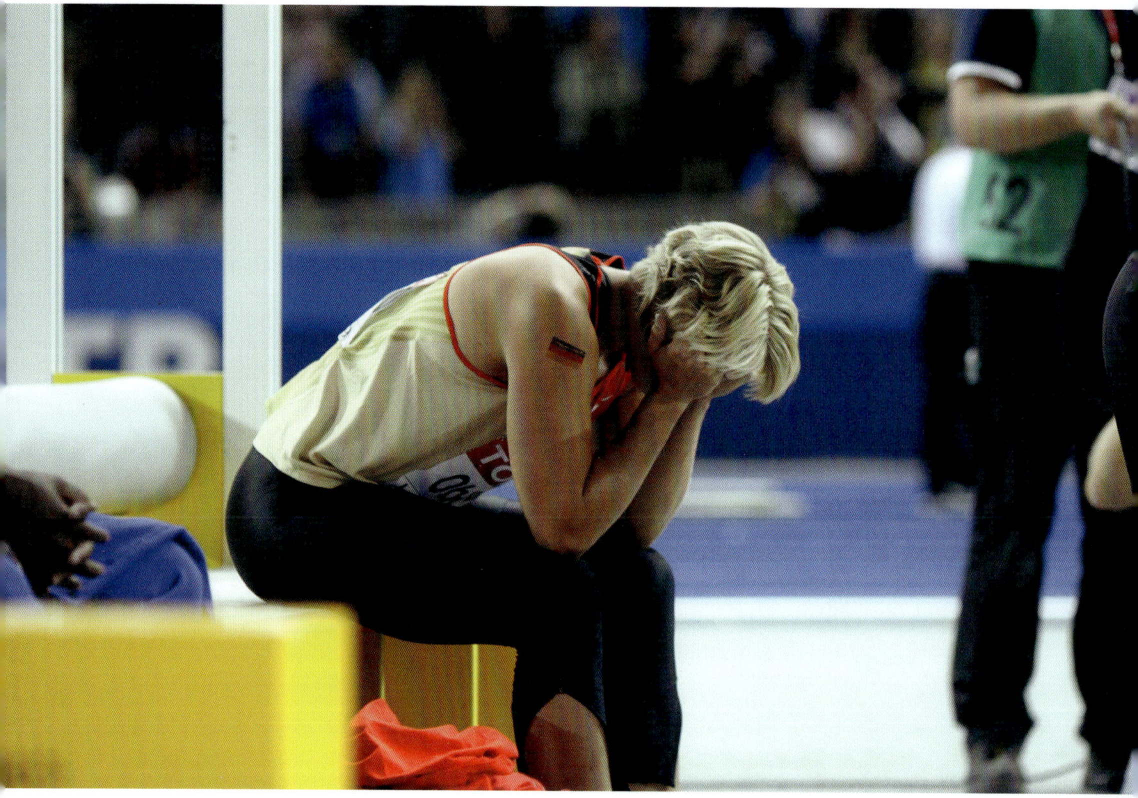

Emotionen sind uns sehr vertraut. Doch wo kommen sie eigentlich her und was ist ihre Funktion? Beim „Handeln unter Druck" [4] überwacht sich der Mensch durch drei Systeme [8]. Erstens wird die eigene Unversehrtheit überprüft. Ist diese gefährdet, dann wird das blitzschnell physiologisch signalisiert. Das kennen wir alle. Man nennt diese Form der Selbstüberwachung „Schmerz".

Eine zweite Form der Selbstüberwachung bezeichnen wir als „Gefühle". Diese haben die positive Eigenschaft, dass sie uns in Sekundenschnelle energetisieren, also antreiben. Über den Sympathikus erfolgt eine blitzartige Aktivierung des gesamten Körpers. Eine zweite wichtige Eigenschaft: Emotionen drängen uns zu raschen Entscheidungen [9, 10].

Offensichtlich hat es sich in den 125 Millionen Jahren der Säugetierentwicklung nicht bewährt, in kritischen Situationen lange nachzudenken. So kommt es, dass wir das Aufsteigen einer Emotion in uns schon nach 0,4 Sekunden wahrnehmen und dass wir spätestens nach einer Sekunde einen starken Impuls zum Vermeiden bzw. zum Flüchten in uns verspüren (das bezeichnen wir als Angst) oder auch zur Selbstbehauptung bzw. zum Attackieren (das nennen wir Ärger oder Wut).

Insgesamt ist das emotionale Erleben sehr vielschichtig, besteht nicht nur aus Angst oder Ärger. In der Forschung unterscheidet man zwischen sechs und 10 grundlegenden Emotionen, die in allen Kulturen zu finden und leicht an Mimik, Gestik und Körperhaltung zu erkennen sind [10]. Davon spielen im Sport Angst und Ärger eine besondere Rolle.

Leider ist es so, dass Emotionen im Sport sich nicht immer positiv auf die Leistung auswirken. Sie können hemmen, die Motorik „einfrieren", den berühmten „Eisenarm" bewirken, also Bewegungen lähmen. Sie können auch die Risikofreude und die Konfliktbereitschaft übermäßig steigern [11].

Hierfür das wohl bekannteste Beispiel ist der Kopfstoß von Zinédine Zidane 2006 im WM-Finale. Die Szene dauert exakt 11 Sekunden. Materazzi zerrt Zidane am Trikot. Im nachfolgenden Wortwechsel äußert sich zuerst Zidane, dann provoziert Materazzi den Franzosen mit drei Bemerkungen.

Jetzt wird es spannend. Zidane läuft zunächst von seinem Gegner ein paar Schritte weg – man denkt, die Szene ist zu Ende. Aber dann dreht er sich völlig überraschend zu ihm um und streckt ihn mit einem Kopfstoß nieder. Diese Aktion dauert 4,7 Sekunden.

Daraus können wir ablesen, dass es hier nicht um eine sogenannte *Affekthandlung* geht. Die hätte spätestens nach 0,4-1,0 Sekunden erfolgen müssen.

Vielmehr verweist dieser Vorfall auf ein drittes System der Selbstüberwachung: das Bewusstsein. Bei jedem Impuls, den wir verspüren, wird nach der sogenannten *Rubikon-Theorie* [12] eine willentliche Entscheidung gefällt, also ein Entschluss gefasst, ob diesem Impuls nachgegeben werden soll oder nicht.

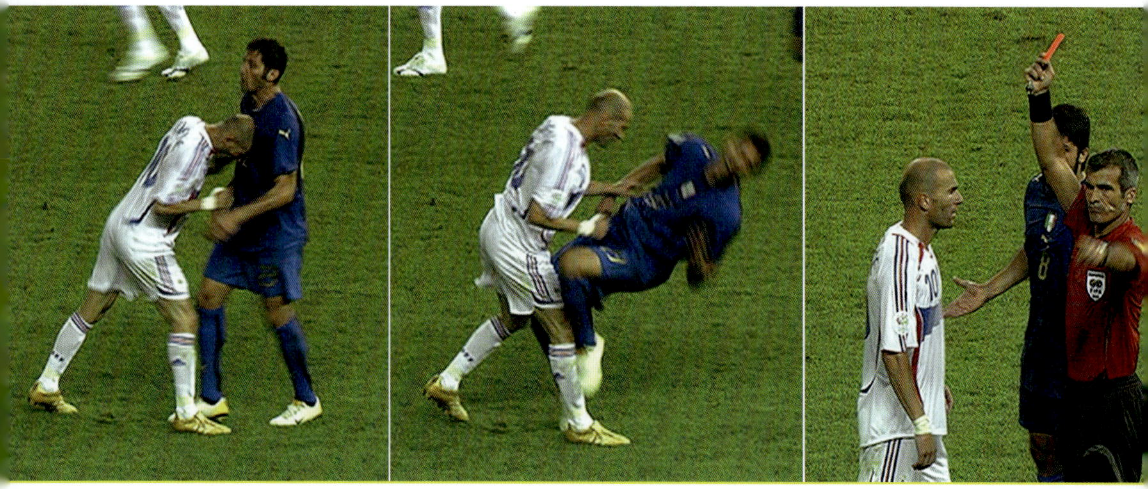

Der Rubikon ist ein Fluss in Oberitalien, den Cäsar nach langem Zögern überschritt. Er führte damit absichtlich einen Bürgerkrieg herbei. Die 1987 entwickelte Willenstheorie wurde nach jenem historischen Ereignis benannt [13].

Im Bewusstsein werden Pläne entwickelt, zum Beispiel, wie ein Boxkampf strategisch zu gestalten ist, wie die Kräfte beim Triathlon zu dosieren sind, wie der eigene Aufschlag beim Tennis durchgebracht werden kann, wie beim Nordic Walking mit sich selbst umgegangen werden soll, wenn die Schmerzen kommen. Weiter werden alle Handlungen überwacht.

Der Berner Psychologe Mario von Cranach hat den Satz geprägt: „Jede Handlung beginnt mit einem Entschluss!" [8]. Folglich überprüft das Bewusstsein alle unsere Aktionen – und wenn es einverstanden ist, dann gibt es grünes Licht und löst damit die Aktion aus.

Das Positive daran ist: Wir sind unseren Emotionen nicht willenlos ausgeliefert, sondern wir können – rein theoretisch – unerwünschte emotionale Impulse kontrollieren. Und nicht nur das. Es ist in zahlreichen Experimenten nachgewiesen worden, dass durch bewusste Selbstgespräche sogar das Schmerzempfinden reduziert werden kann [14]. Derartige „innere Dialoge" sehen etwa so aus: „Ich nehme den Schmerz wahr, aber ich halte ihn aus" usw.

Nordic-Walking-Weltmeister Michael Epp, der bei seinem 24-Stunden-Weltrekord über 170,7 Kilometer mehrfach an seine Grenzen gehen musste, nennt diese bewusste innere Anstrengung eine „Kopfsache" oder eine „Sache des Willens". Die Triathletin Moni Saur bezeichnet diese Form der mentalen Stärke schlicht als „Durchbeißen".

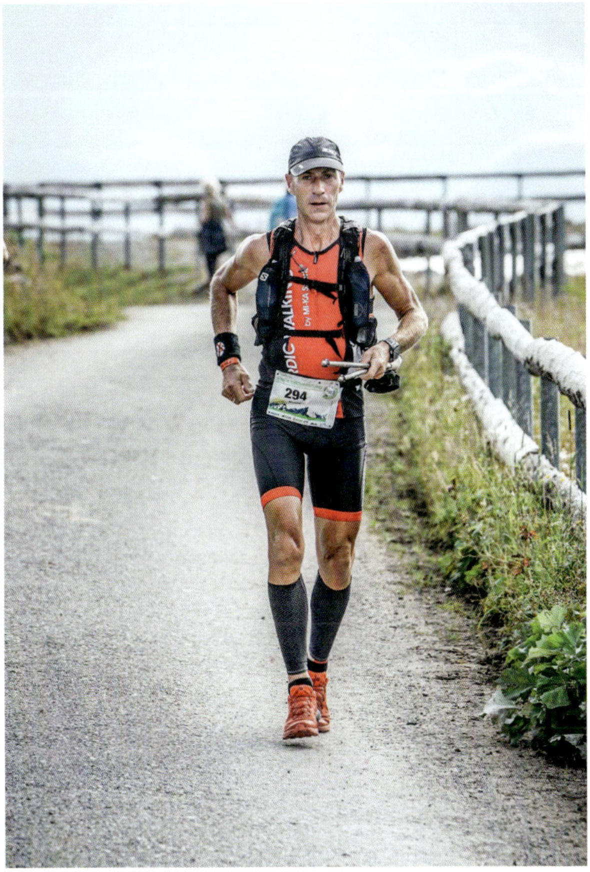

Die Funktion einer Emotion ist in der Wettkampfvorbereitung eine andere als während des Wettkampfs. Beispielsweise kann Angst dazu führen, dass man sich besonders gründlich vorbereitet, aus der Sorge heraus, die aktuelle eigene Leistungsfähigkeit würde nicht ausreichen, um erfolgreich abzuschneiden. So betrachtet, kann Furcht vor Misserfolg durchaus Positives bewirken.

Während des Wettkampfs sind jedoch ausgeprägte Ängste in der Regel wenig hilfreich, weil sie die Flexibilität einschränken, die Dynamik der Bewegungen verringern, aktives Handeln erschweren oder in Hektik umschlagen können.

Dagegen kann eine gewisse Aufgeregtheit zu Beginn eines Wettkampfs durchaus die eigene Leistung beflügeln, weil – wie schon erwähnt – Emotionen eine energetisierende Wirkung besitzen. Auf diese Weise ergibt sich eine charakteristische Kurve für den Zusammenhang zwischen emotionaler Erregung und erbrachter Leistung [9, 15].

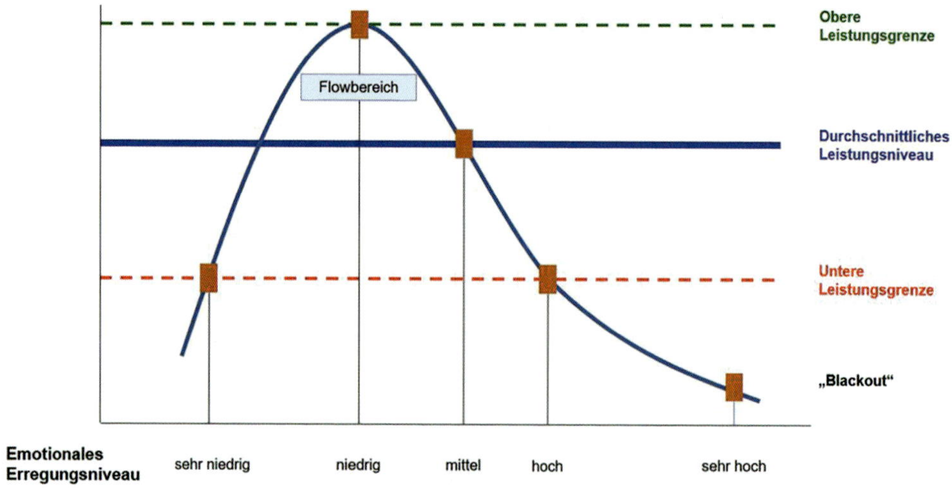

Abb. 1:
Zusammenhänge zwischen emotionaler Erregung und erbrachter Leistung im Wettkampf

SEHR NIEDRIGES EMOTIONALES ERREGUNGSNIVEAU

Ist ein Wettkampf dermaßen uninteressant oder wenig herausfordernd, dass er mich emotional kaum berührt, dann bleibe ich weit unterhalb meiner Möglichkeiten. Es kann sein, dass meine Gegnerinnen oder Gegner so leistungsschwach sind, dass ich mich in keiner Weise anstrengen muss. Das langweilt mich: Ein Sieg löst keine Freude und keinen Stolz aus. So engagiere ich mich innerlich wie äußerlich so wenig wie möglich.

Es kann aber auch sein, dass ich mich krank fühle und nur dem Team zuliebe einen Wettkampf bestreite, innerlich jedoch völlig resigniert habe. Es ist auch denkbar, dass ich mich schwach und damit den Kontrahentinnen oder Kontrahenten in keiner Weise gewachsen fühle, wie das zuweilen im Kampfsport nach extrem starker Gewichtsabnahme der Fall ist. Ich habe nur das Ziel, möglichst unbeschadet aus der Situation herauszukommen.

Allen diesen Konstellationen ist gemeinsam, dass mein Interesse, eine gute Leistung zu erbringen, sehr niedrig ist. Ich habe schon vor Beginn des Wettkampfs „abgeschaltet". Das geringe emotionale Erregungsniveau zieht nur eine äußerst minimale Energetisierung nach sich.

Von außen sieht es nach einer gewissen Lustlosigkeit aus, weil nur die allernotwendigsten Bewegungen ausgeführt werden. Gute Leistungen sind auf diesem Niveau nicht zu erwarten.

NIEDRIGES EMOTIONALES ERREGUNGSNIVEAU

Die günstigste Balance zwischen Erregung und Kontrolle stellt sich ein, wenn der bevorstehende Wettkampf mich einerseits so antreibt, dass mein Körper aktiviert ist. Andererseits überschwemmen mich nicht die mit der Herausforderung verbundenen Gefühle, sondern äußern sich lediglich als milde Aufregung.

Im Alltag wird dieser Zustand gerne als „Lampenfieber" bezeichnet in Anlehnung an die Anspannung von Künstlerinnen oder Künstlern vor deren Auftritt, wobei sich dieser Zustand meist mit Beginn der Performance verflüchtigt. Die Erregung verhilft also zu einer optimalen Entfaltung der Leistungsfähigkeit, aber sie hemmt nicht, indem sie weder die Bewegungen „einfriert" noch zu hektischen Aktionen verleitet.

Es besteht sogar die Chance, im Laufe eines Wettkampfs in einen „Flow" zu gelangen. Das ist jener von Csikszentmihalyi [16] differenziert beschriebene Zustand, der zwischen Langeweile und Angst angesiedelt ist. Deshalb lautete der englische Originaltitel auch nicht „Das Flowerlebnis", so wie in der deutschen Ausgabe, sondern *Beyond boredom and anxiety*, also „Jenseits von Langeweile und Angst".

Flow ist exakt in jenem schmalen Bereich möglich, in dem wir voll in den eigenen Aktionen aufgehen, uns nicht um die Motivation kümmern müssen, die ist vorhanden. Aber uns auch nicht mit aufsteigenden Emotionen herumschlagen müssen, die unsere Aufmerksamkeit ständig weg von den sportlichen Aktionen lenken und hin auf die Beschäftigung mit uns selbst.

Deshalb erleben wir Flow im Sport als Glück. Die Bewegungen sind flüssig, die Zeit vergeht wie im Fluge, ich muss mich nicht zu irgendetwas quälen, sondern „es läuft wie von selbst".

Nicht jede Sportart eignet sich gleichermaßen für das Flowerleben. Unterbrechungen führen dazu, dass ich mich mit dem Ergebnis, mit mir selbst, meiner Strategie usw. beschäftige. Dadurch falle ich in den Bereich bewussten Handelns zurück.

Deshalb ist es schwer, in Ballsportarten oder Kampfsportarten in den Flow zu geraten. Denn sobald der Ball ruht oder der Schiedsrichter unterbricht, komme ich aus dem Glückszustand heraus und muss danach sofort wieder in ihn eintauchen – ein ständiges Hin und Her.

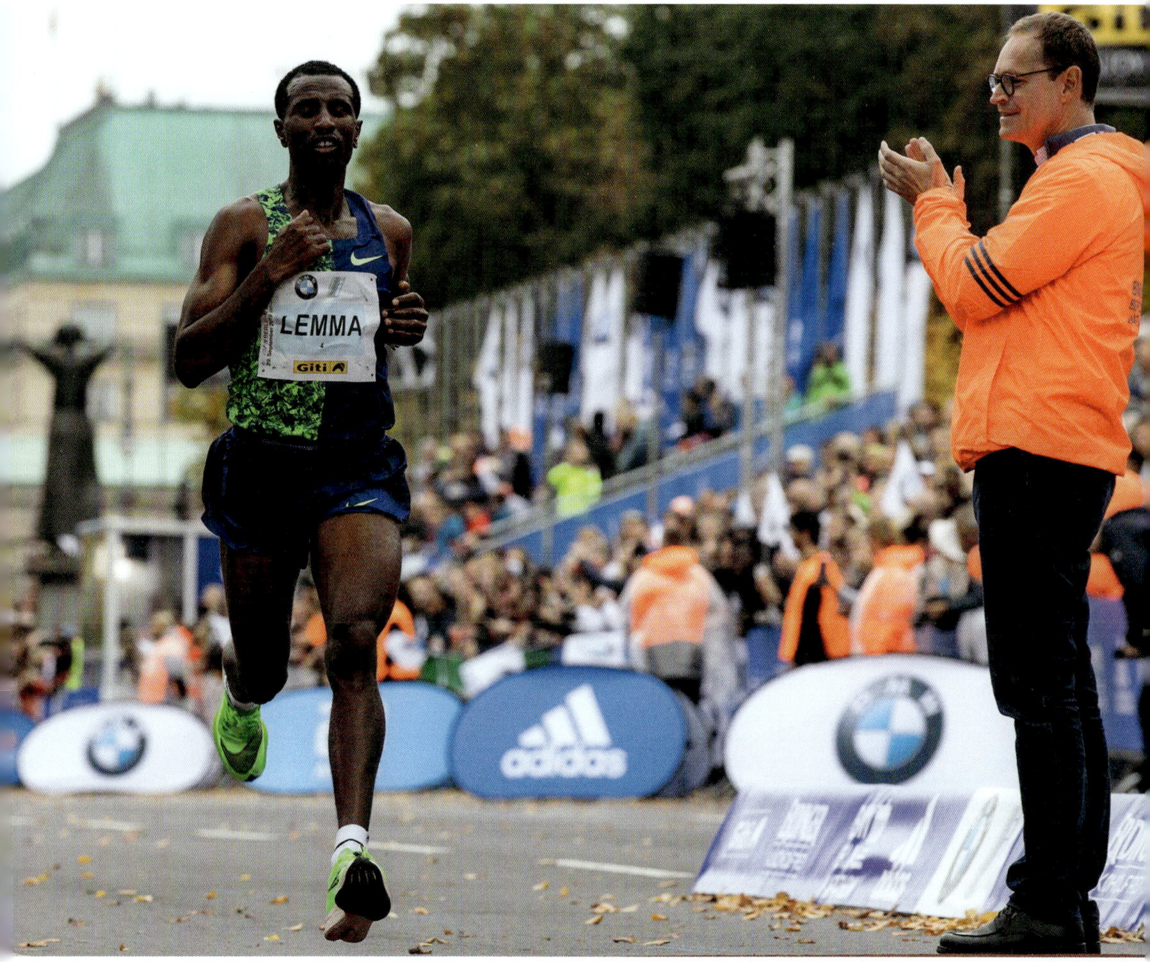

Leichter ist es, in Ausdauersportarten (Laufen, Schwimmen, Fahrradfahren, Nordic Walking usw.), beim Klettern, beim Snowboardfahren, beim Motorradfahren oder beim Tanzen Flow zu erleben.

MITTLERES EMOTIONALES ERREGUNGSNIVEAU

Von nun an geht's bergab. Wenn die Emotionen weiter ansteigen, sendet das Mittelhirn des Säugetiers Mensch deutlich intensivere Signale an das Stammhirn [9]. Der Körper wird über das autonome Nervensystem noch stärker als bisher aktiviert und noch besser für Flucht oder Angriff vorbereitet.

Das hat Folgen. Das in der Großhirnrinde angesiedelte Bewusstsein erhält ständig Alarmsignale aus dem Bereich des Mittelhirns. Dringend wird dem Großhirn nahegelegt, sich durch Flucht der Situation zu entziehen oder alternativ zu attackieren.

Das durchkreuzt möglicherweise die sportartspezifischen strategischen Vorgehensweisen. Das beeinträchtigt die flüssige Bewegungsausführung. Obwohl der Körper biologisch enorm angetrieben wird, sinkt die Leistung.

Die Aufmerksamkeit ist nicht nur auf das gerichtet, was die Sportart abverlangt. Sie kehrt notwendigerweise immer wieder zu den empfangenen Impulsen zurück, die subjektiv als „Befürchtung", „Angst", „Unzufriedenheit", „Ärger" bis hin zu „Zorn" reichen. Die Beschäftigung mit den eigenen Emotionen lässt es nicht zu, dass die volle Konzentration den Anforderungen der betreffenden Sportart gilt.

Vor allem sind Leichtigkeit und Unbeschwertheit reduziert, die für den Flowbereich charakteristisch waren. Deshalb kann die obere Leistungsgrenze kaum erreicht werden. In aller Regel ist jedoch eine durchschnittliche Leistung möglich.

HOHES EMOTIONALES ERREGUNGSNIVEAU

Wer es nicht schafft, professionell mit seinen eigenen Emotionen umzugehen, dem kann es passieren, dass er von seinen Gefühlen überschwemmt wird. Typische Auslöser sind extrem wichtige Wettkämpfe oder kritische Situationen kurz vor Ende eines Wettkampfs. Noch kann alles erreicht werden. Es kann aber auch alles verloren gehen.

Das limbische System sendet logischerweise das Signal: „Extreme Bedrohung – es geht um alles!" In der Evolution waren dies Situationen, in denen es um die Existenz, also um das Überleben, ging. Folglich wird die körperliche Aktivierung in Grenzbereiche vorangetrieben. Botenstoffe wie Adrenalin und Noradrenalin [10] helfen, die biologischen Reserven auszuschöpfen.

In manchen Sportarten kann dieser Zustand, in dem man „das Letzte aus seinem Körper herausholt", durchaus hilfreich sein. Doch komplizierte Bewegungsausführungen gelingen nicht mehr so gut. Darüber hinaus sind die Emotionen so deutlich zu spüren, dass sie einen großen Teil der Aufmerksamkeit beanspruchen.

Überlegtes Agieren erfordert eine erhebliche mentale Anstrengung. Immer wieder „gehen die Gefühle mit einem durch". In aller Regel sinkt die Leistungsfähigkeit ab und sie bewegt sich an der unteren Grenze.

SEHR HOHES EMOTIONALES ERREGUNGSNIVEAU

Da Menschen Säugetiere und keine reinen Geisteswesen sind, können sie auch völlig die Kontrolle verlieren und in Panik geraten. Sie unterscheiden sich dann in ihrer Intelligenz nicht mehr von anderen Arten. Das weiß man nicht nur vom Verhalten der Menschen bei großen Katastrophen. Das findet man auch in Experimenten heraus, bei denen Tiere und Menschen unter extremen Stress gesetzt werden.

Die Folgen sind vergleichbar: blinde Flucht, planloses Verhalten. Das Denken wird abgeschaltet. Die Emotionen weisen die Richtung. Alltagssprachlich wird dieser Zustand auch als „Blackout" bezeichnet.

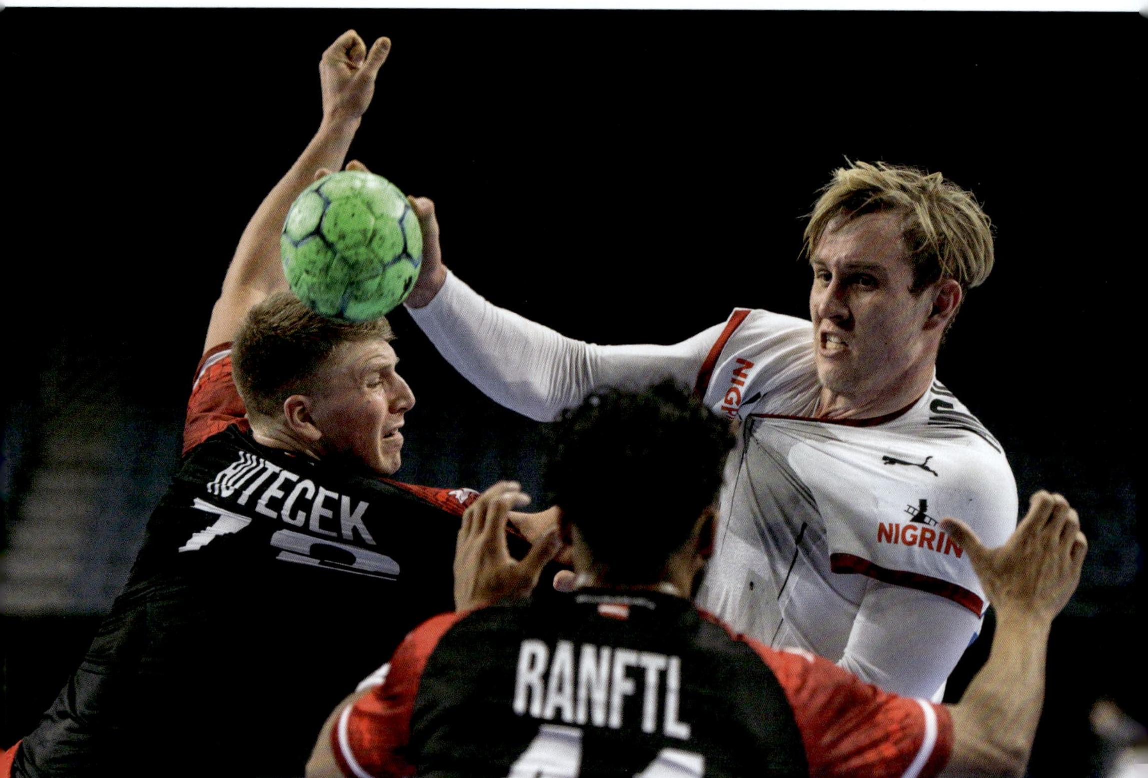

Als Universitätsprofessor konnte ich dies zuweilen in mündlichen Prüfungen erleben, bei denen die bedauernswerten Kandidatinnen und Kandidaten weder in der Lage waren, die Fragen zu verstehen, noch eine Antwort zu formulieren. Umgekehrt war zu bemerken, dass deren Herzschlag an der oberen Grenze angelangt war.

Für sportliche Leistungen ist ein extremes Erregungsniveau nicht günstig, weil alles kontrollierte Handeln zusammenbricht. Athletinnen oder Athleten in Ausdauersportarten können ihre Kräfte nicht mehr einteilen. Technisch anspruchsvolle Bewegungen können nicht mehr gezeigt werden.

Das in diesem Buch beschriebene Trainingsprogramm „Stark im Kopf – erfolgreich im Sport" (Buch mit Audiodatei) hilft allen Sportlerinnen und Sportlern, in der Vorbereitung sowie während der Wettkämpfe so professionell mit den eigenen Emotionen umzugehen, dass sie möglichst nahe an ihre obere Leistungsgrenze gelangen.

SELBSTANALYSE: MEINE TYPISCHEN EMOTIONALEN MUSTER

HINWEIS

Die Fragen sind weniger im Sinne von Testfragen zu verstehen, die man exakt zahlenmäßig auswertet, sondern mehr als Impulse zum Nachdenken über eigene Stärken und mögliche Entwicklungsbereiche.

1. Zu Beginn eines Wettkampfs bin ich sehr nervös.

IMMER	HÄUFIG	SELTEN	NIE
○	○	○	○

2. Es kommt vor, dass ich mich während eines Wettkampfs selbst beschimpfe.

IMMER	HÄUFIG	SELTEN	NIE
○	○	○	○

3. Wenn es nicht gut läuft, dann will ich mit dem Kopf durch die Wand.

IMMER HÄUFIG SELTEN NIE

○ ○ ○ ○

4. Wenn es in einem Wettkampf um alles geht, dann sind meine Bewegungen gehemmt bzw. wie eingefroren.

IMMER HÄUFIG SELTEN NIE

○ ○ ○ ○

5. In kritischen Wettkampfsituationen gehen meine Gefühle mit mir durch.

IMMER HÄUFIG SELTEN NIE

○ ○ ○ ○

6. In extrem wichtigen Wettkampfsituationen handle ich kopflos.

IMMER HÄUFIG SELTEN NIE

○ ○ ○ ○

Wenn mindestens eine der sechs Fragen mit „immer" oder „häufig" beantwortet wurde, dann ist zu erwarten, dass das Training mit dem hier vorgestellten sportpsychologischen Programm zu einer Steigerung der Wettkampfleistungen führt.

4 DIE BEDEUTUNG DER MOTIVATION

Was treibt Menschen an? Bei Straftäterinnen und Straftätern bezeichnet man die antreibende Kraft als „Motiv", bei Sportlerinnen und Sportlern nennt man den Antrieb „Motivation" [17]. Der gemeinsame lateinische Ursprung „movere" bedeutet bewegen, antreiben, veranlassen oder drängen. Motiviert bin ich dann, wenn mich etwas „zum Handeln veranlasst".

So kann ich mich fragen, warum ich ins Training gehe, warum ich Geld für Sportkleidung, Sportschuhe, Sportgeräte wie spezielle Schläger oder Hightechfahrräder ausgebe, warum ich meine Wochenenden in Hallen oder bei Wettkämpfen im Freien verbringe, anstatt bequem auf der Coach zu liegen.

Die Gründe dafür sind so verschiedenartig, wie es Menschen nun einmal sind. Dennoch lassen sich einige zentrale Motive erkennen. Das ist einmal das Anschlussmotiv [17], also der Wunsch, mit anderen Menschen zusammen zu sein. Im Vereinsleben spielt dieses Motiv eine ganz wichtige Rolle.

Daneben gibt es das Machtmotiv [17]. Das ist das Bedürfnis, anderen Menschen gegenüber Überlegenheit zu demonstrieren, Macht über andere Personen auszuüben – nicht selten zu finden bei Sportfunktionären. Besonders bedeutsam ist jedoch das Leistungsmotiv [17].

Hier geht es nicht nur darum, etwas einigermaßen ordentlich zu können, sondern etwas besser zu können oder gar etwas am besten von allen zu können. Die damit verbundenen Emotionen lassen sich als „Hoffnung auf Erfolg" sowie als „Furcht vor Misserfolg" charakterisieren.

Im Zentrum des Leistungsmotivs, das bei allen Leistungssportlerinnen und Leistungssportlern deutlich ausgeprägt ist, steht die eigene „Wirksamkeit" [18].

Hinter diesem nicht auf Anhieb verständlichen Begriff verbirgt sich eine mächtige Kraft. Nämlich die Überzeugung, dass ich etwas erfolgreich bewältigen kann. Es ist der Glaube an mich selbst, der Glaube an meine eigenen Fähigkeiten. Dieser entsteht durch den Vergleich mit anderen Personen.

- Bin ich besser?
- Bin ich schneller?

- Bin ich ausdauernder?
- Bin ich stärker?
- Bin ich erfolgreicher?

Ich werfe also alles, was ich bieten kann, in eine Waagschale. Und dann wird gewogen – das ist der Wettkampf. Und jeder Vergleich gibt Auskunft darüber, was ich zu leisten vermag.

Habe ich Erfolg, dann bin ich stolz auf mich, denn ich habe bewiesen, dass meine Fähigkeiten größer sind als jene der Konkurrenz. Das stärkt den Glauben an mich selbst.

Habe ich Misserfolg, dann nagt dies an meiner Persönlichkeit in Form von Zweifeln: Ich stelle meine Leistungsfähigkeit infrage. Das ist sehr unangenehm, denn ich muss mein positives Selbstbild korrigieren und damit den Glauben an mich selbst erschüttern. Und das mag niemand gerne tun.

Deshalb werden im Anschluss an ein negatives Abschneiden gerne Gründe gesucht, die möglichst wenig mit der eigenen Person zu tun haben. Als Ursache wird häufig das Material angeführt, mit dem man nicht zurechtkam, fragwürdige Entscheidungen von Kampf- oder Schiedsrichtern, Platz- oder Hallenverhältnisse, unsportliches Verhalten von Zuschauern oder Kontrahenten.

Wenn Rechtfertigungen gelingen, dann hat dies einen großen Vorteil: Ich kann mein positives Selbstbild beibehalten, ich darf mich weiterhin als kompetent erleben und ich kann mich anderen Personen gegenüber nach wie vor als leistungsfähige Athletin oder erfolgreichen Athleten präsentieren.

Wer Leistungssport treibt, der ist so etwas Ähnliches wie ein Triebtäter. Denn das Leistungsmotiv kann zu einer so gewaltigen Kraft werden, dass alle anderen Motive dagegen in den Hintergrund treten. Man kann dies beispielsweise am Doping erkennen: Die eigene Gesundheit wird riskiert bis hin zur Verkürzung der Lebensdauer, nur um in Wettkämpfen gut abzuschneiden. Bei manchen Spitzensportlern steht das Leistungsmotiv dermaßen im Mittelpunkt ihres Lebens, dass die ganze Welt zusammenbricht, wenn sie versagen.

Zum Beispiel, wenn einem Torhüter ein harmloser Ball durch die Finger gleitet, wenn ein entscheidender Elfmeter nicht verwandelt wird, wenn eine schlechte Leistung den Aufstieg verhindert oder den Abstieg herbeiführt. Eine häufige Folge sind ernsthafte Depressionen. Bekannt geworden in diesem Zusammenhang ist der Torhüter Robert Enke [19].

In vergleichbare seelische Tiefs geraten zuweilen auch Athletinnen und Athleten gegen Ende ihrer Karrieren, wenn die Leistungsfähigkeit ganz einfach altersbedingt nachlässt, sodass die angestrebten Ziele nicht mehr erreicht werden können. Denn wer besonders erfolgreich ist, der hat besonders viel zu verlieren!

Personen, die einen stärkeren Glauben an die eigenen Fähigkeiten besitzen, leisten im Sport deutlich mehr als jene, die an sich zweifeln. Am günstigsten ist es, wenn man sich ganz leicht überschätzt. Warum? Man geht mit einem höheren Selbstbewusstsein in den Wettkampf, traut sich mehr zu, ist aktiver, risikobereiter und gibt nicht so schnell auf.

Schlecht ist es dagegen, wenn man sich stark überschätzt, denn dann liegen die erzielten Ergebnisse meist weit unterhalb der eigenen Erwartungen. Um das übertrieben positive Selbstbild dennoch beibehalten zu können, muss man die Realität kräftig verleugnen.

Gewiss kennen Sie solche Menschen. Und manche davon agieren ganz weit oben in der Politik. Schlecht ist es auch, wenn man sich selbst deutlich unterschätzt. Dann traut man sich zu wenig zu, ist ängstlicher und resigniert schneller, als es aufgrund der wahren Leistungsstärke angezeigt wäre.

Spricht man mit anderen Personen über die eigene Leistungsfähigkeit, dann ist es natürlich höchst unklug, wenn man sich zu hoch einschätzt. Man gilt als angeberisch, was zu sozialer Distanzierung führt. Deshalb ist es nach außen besser, bescheiden zu sein und möglichst nicht mit dem zu prahlen, was man glaubt leisten zu können.

Folglich ist es der erfolgreichste Umgang mit dem Glauben an sich selbst, wenn man nach außen die eigenen Kompetenzen eher ein wenig zu niedrig ansetzt, sich im Grunde des Herzens jedoch erheblich mehr zutraut.

Ein großes Rätsel ist es, warum man in seiner Lieblingssportart, die „eigentlich" Spaß machen sollte, die man „eigentlich" sehr gerne ausübt, auch Dinge tut, die überhaupt keinen Spaß machen, die man hasst und zu denen man sich wirklich überwinden muss. Motivation als ein positiver Antrieb kann es gewiss nicht sein. Es sind auch nicht antreibende Emotionen wie Freude, Vergnügen und Lust.

Die Lösung findet man, wenn man die drei Systeme der Selbstüberwachung betrachtet (Schmerz, Emotion, Bewusstsein), die unser Agieren steuern. Das höchste System der Selbstüberwachung ist das Bewusstsein. Hier geht es rational zu. Hier wird weder den Schmerzen noch dem Drängen der Emotionen nachgegeben. Auch nicht Impulsen aus dem Bereich der Motivation.

Das wesentliche Merkmal des Bewusstseins ist der Wille. Der stemmt sich gegen Schmerzen, der stemmt sich gegen Unlust und der drängt auch zu Handlungen, zu denen man überhaupt nicht motiviert ist.

Das ist der Kern der schon erwähnten „Rubikon-Theorie" [20]. Im Mittelpunkt stehen hier willentlich getroffene Entscheidungen, die konsequent durchgesetzt werden gegen andere Impulse. Und in dem, was wir „Willensstärke" nennen, unterscheiden sich die Sportlerinnen und Sportler ganz enorm.

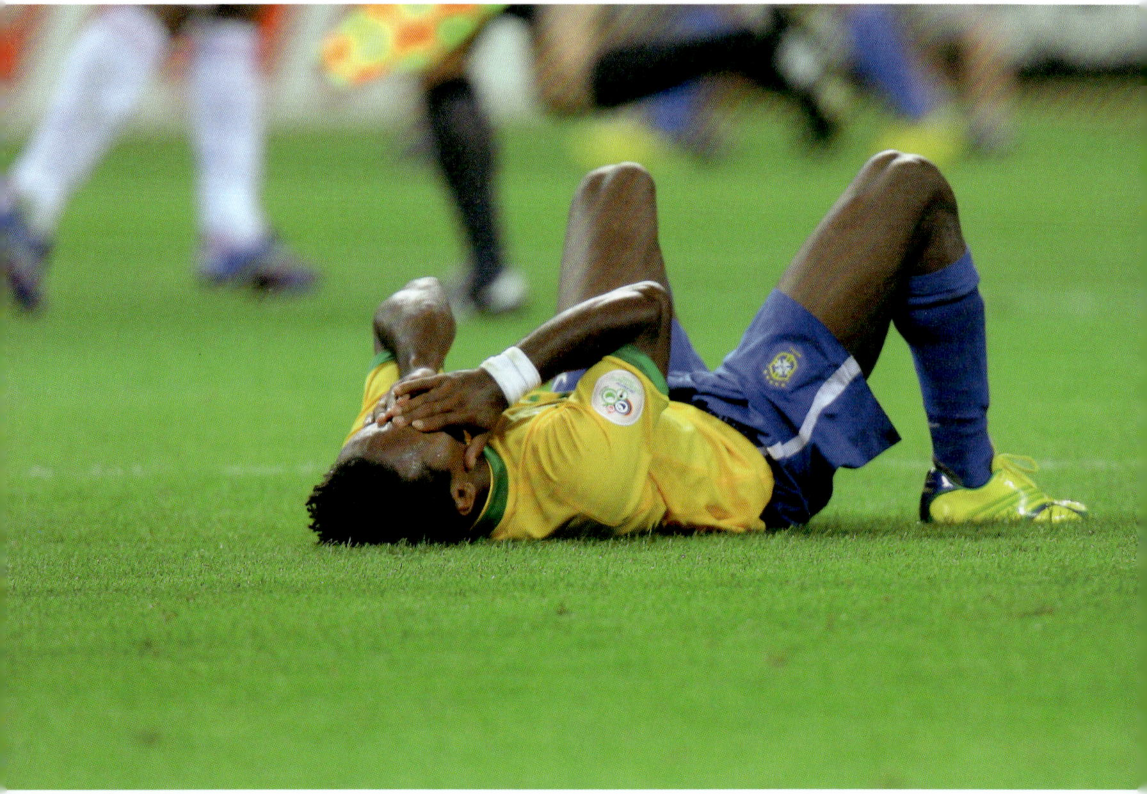

Ich wollte einmal kurz vor der Fußballweltmeisterschaft die brasilianische Nationalmannschaft im Training beobachten und bin dazu mit meinem fußballbegeisterten Sohn eigens in die Schweiz gefahren. Das Training sehen zu wollen, kostete Geld. Dennoch saßen am frühen Morgen etwa 5.000 Fußballfans auf den Tribünen am Trainingsgelände.

Es begann, ganz leicht zu regnen. Als die Brasilianer aus dem Mannschaftsbus stiegen, wurden sie von Regentropfen getroffen. Das war zu viel für sie. Bei solch ungünstigen Bedingungen zu trainieren, das machte ihnen keinen Spaß. Drei oder vier Spieler wagten sich am Ende tatsächlich auf den Platz und versuchten, mit dem Ball aus 16 Metern Entfernung die Torlatte zu treffen, was nicht sonderlich unterhaltsam war.

Nach kurzer Zeit stiegen auch sie in den Bus und fuhren ins Fünf-Sterne-Hotel am Vierwaldstätter See zurück. Dass diese Mannschaft bei der WM ausschied, das war für alle Experten ein großes Rätsel. Für mich war jedoch klar: Dieses Team hatte nicht den Willen, etwas zu tun, was keinen Spaß macht. Und so konnte es als Topfavorit und amtierender Weltmeister nicht an die früheren Erfolge anknüpfen.

Wenn die Motivation nicht ausreicht, dann übernimmt folglich der Wille die Herrschaft. Ganz bewusst werden Ziele verfolgt und Pläne entwickelt. Das auf diese Weise organisierte Handeln orientiert sich stärker an rationalen Überlegungen als an physiologischen Impulsen. Damit wird es möglich, Schmerzen bei Wettkämpfen zu ignorieren, aufsteigende Emotionen zu dämpfen, physiologische Schwächephasen durch die Macht des Willens zu überstehen.

Das spielt im Leistungssport eine ganz besondere Rolle. Wer sich quälen kann, der kann entsprechend hart trainieren. Und wer einen starken Willen hat, der vermag auch unter widrigen Bedingungen das Letzte aus seinem Körper herauszuholen. Mit Freude oder Spaß hat das wenig zu tun.

SELBSTANALYSE: WIE SEHR GLAUBE ICH AN MICH SELBST?

HINWEIS

Die Fragen sind weniger im Sinne von Testfragen zu verstehen, die man exakt zahlenmäßig auswertet, sondern mehr als Impulse zum Nachdenken über eigene Stärken und mögliche Entwicklungsbereiche.

1. Wettkämpfen sehe ich gelassen entgegen, weil ich weiß, was ich leisten kann.

IMMER ○ HÄUFIG ○ SELTEN ○ NIE ○

2. Ich bin auch unter ungünstigen Wettkampfbedingungen erfolgreich.

IMMER ○ HÄUFIG ○ SELTEN ○ NIE ○

3. Meine Willensstärke hilft mir, Schwächephasen im Wettkampf zu überstehen.

IMMER ○ HÄUFIG ○ SELTEN ○ NIE ○

4. Selbst wenn es richtig wehtut, bin ich zu einer guten Leistung fähig.

IMMER ○ HÄUFIG ○ SELTEN ○ NIE ○

5. Auch wenn ich ein schlechtes Ergebnis erziele, gehe ich dennoch zuversichtlich in den nächsten Wettkampf.

IMMER ○ HÄUFIG ○ SELTEN ○ NIE ○

6. Wenn ich meine Konkurrenz beobachte, dann glaube ich an meine Erfolgschancen.

IMMER	HÄUFIG	SELTEN	NIE
○	○	○	○

Wenn mindestens eine der sechs Fragen mit „selten" oder „nie" beantwortet wurde, dann ist zu erwarten, dass das Training mit dem hier vorgestellten sportpsychologischen Programm zu einer Steigerung der Wettkampfleistungen führt.

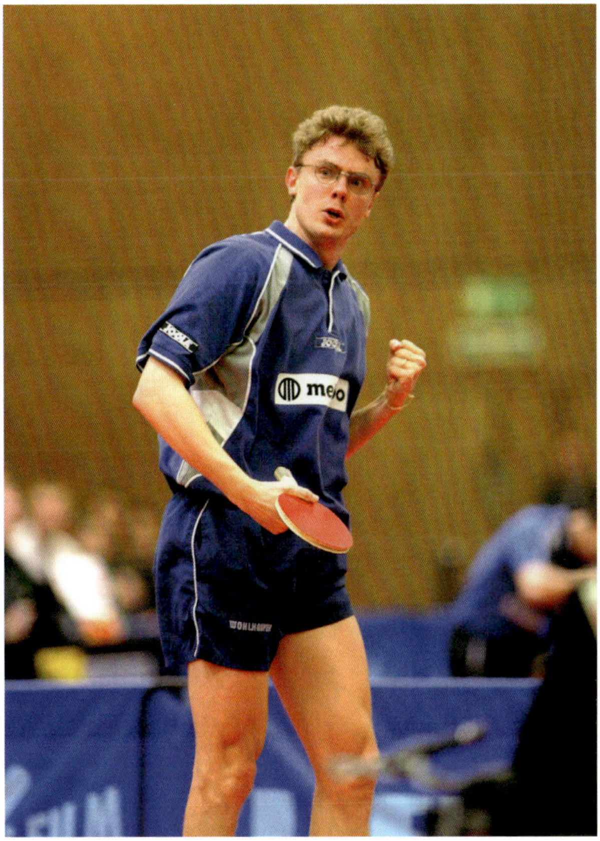

5 DIE BEDEUTUNG VON AUFMERKSAMKEIT UND ANTIZIPATION

Frage: Warum müssen Sportlerinnen und Sportler in die Zukunft schauen können? Antwort: Weil in der Gegenwart die Zeit zum Handeln zu kurz ist!

Beispielsweise benötigt der Ball vom Elfmeterpunkt zur Torlinie etwa 0,4 Sekunden. Bis ein Torhüter jedoch erkannt hat, wohin der Ball fliegt, bis diese Information im Gehirn verarbeitet und an die Muskulatur weitergeleitet wird, vergeht so viel Zeit, dass er durchschnittlich erst nach einer Sekunde in der Ecke seines Tores ankommt. Zu diesem Zeitpunkt liegt der Ball jedoch schon sechs Zehntelsekunden im Netz.

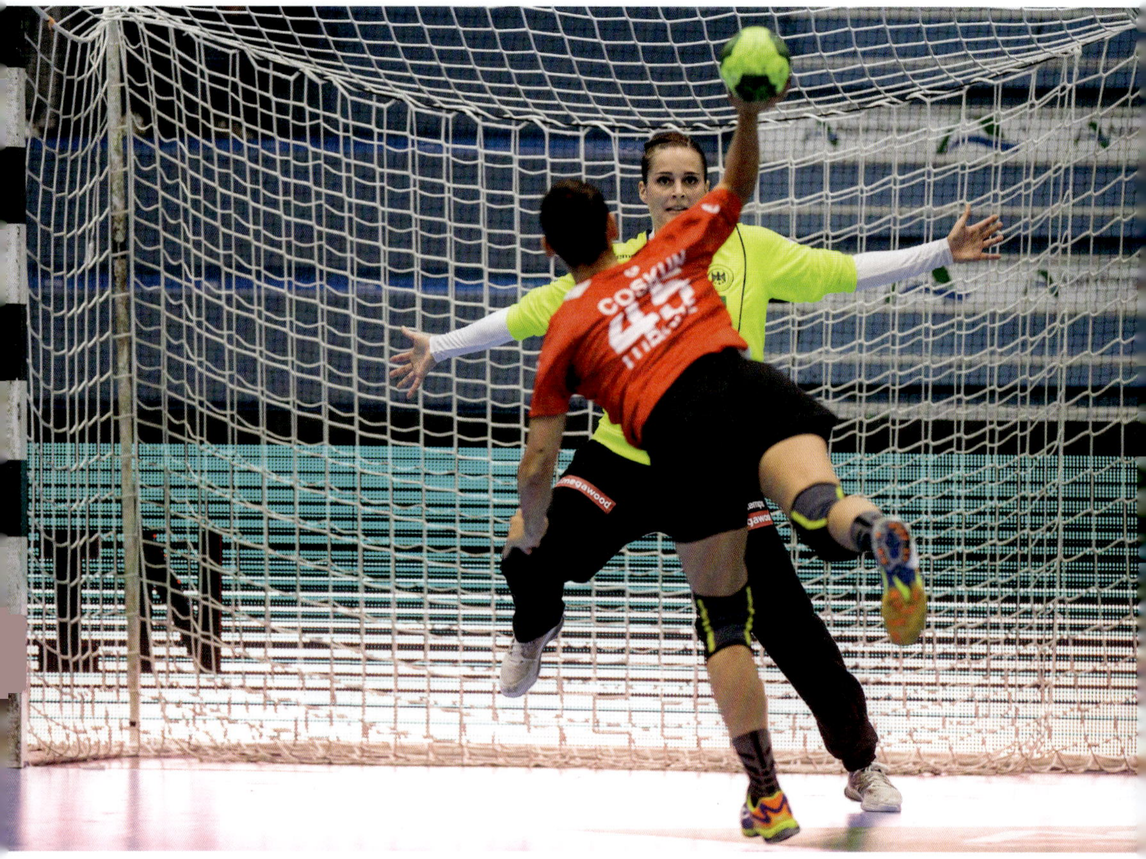

Noch schwerer haben es Torhüterinnen und Torhüter im Handball. Sie stehen einige Meter vor dem Tor, um die Winkel zu verkürzen. Beim Sprungwurf springen die Werfer in den Kreis und beschleunigen den Ball auf über 100 Stundenkilometer. Beim extrem geringen Abstand von wenigen Metern müssen sich die Torhüter deutlich vor dem Wurf in eine aussichtsreiche Position bringen, sonst haben sie keine Abwehrchance.

Tischtennis läuft ebenfalls unmenschlich schnell ab. Kommt ein Ball mit etwa 100 Stundenkilometern auf mich zu, was nicht einmal die Spitzengeschwindigkeit ist, dann legt dieser die gut fünf Meter Abstand zwischen meinem Gegner und mir in etwa 0,2 Sekunden zurück. Dieser Wert liegt unterhalb der menschlichen Reaktionsfähigkeit.

Zunächst brauche ich Zeit, um zu erkennen, welche Flugbahn und welche Rotation der Ball hat. Danach muss ich meinen eigenen Schlag vorbereiten, was Beinarbeit, Körperhaltung und Ausholbewegung beinhaltet. In dieser Zeit ist der Ball schon über 15 Meter weit geflogen. Ich bin also viel zu spät dran.

Noch höhere Geschwindigkeiten werden beim Tennis erreicht. Der Aufschlag des Tennisprofis Samuel Groth erreichte beispielsweise 263 Stundenkilometer [21]. Sein Gegner hat nur dann eine Chance, diesen Ball zu retournieren, wenn er ahnt, wohin er kommen wird. Er muss also in die Zukunft schauen können.

Andre Agassi konnte das. Lange Jahre war er den Aufschlägen Boris Beckers nicht gewachsen. Er wusste nie, wohin der Ball kam. Dann fand er heraus, dass Beckers Zunge während der Aufschlagbewegung exakt in jene Ecke zeigte, in die der Ball kommen würde – lustig beschrieben in seiner Biografie *Open* [22]. Von diesem Zeitpunkt an war er gegen Becker erfolgreich.

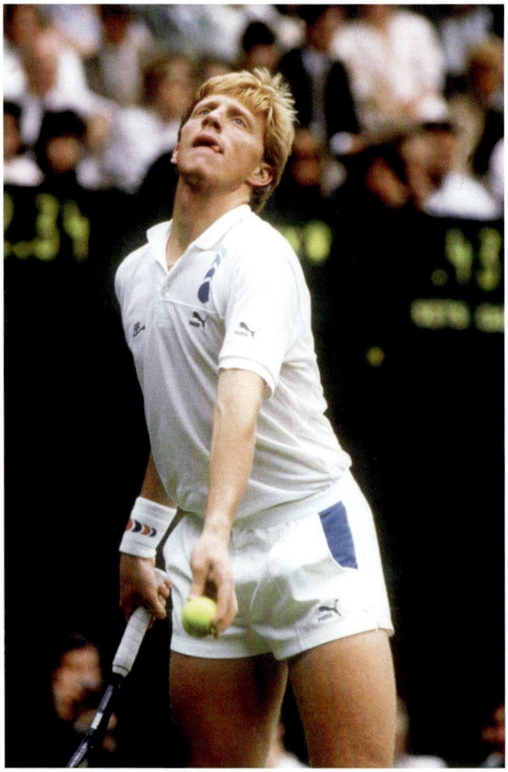

Deutlich schneller als bei Ballsportarten geht es in Kampfsportarten wie Boxen, Karate und Ringen zu. Ein Karateschlag kann gut 50 Stundenkilometer erreichen. Pro Sekunde könnte eine Hand also 13 Meter zurücklegen. Die Gegner stehen jedoch eng beieinander. So vergehen lediglich etwa 0,1 Sekunden bis zum Treffer – viel zu wenig Zeit, um reagieren zu können.

Die Lösung dieses Dilemmas? Man muss die Zeit dehnen. Man muss jenen viel zu kleinen Zeitraum künstlich vergrößern, der physikalisch zur Verfügung steht. Wie macht man das? Man schaut prophetisch in die Zukunft, ahnt, was auf einen zukommt und beginnt mit der eigenen Handlung, noch bevor der Kontrahent agiert hat. Das nennt man „Antizipation" (lateinisch anticipare = vorwegnehmen).

Unter Antizipation versteht man folglich die gedankliche Vorwegnahme von Ereignissen und die darauf beruhende Steuerung des eigenen Handelns [21].

Fliegen haben es leichter. Sie reagieren etwa 10-mal schneller als Menschen, weil der nur wenige Millimeter lange Weg von den Augen über das Gehirn zu den Muskeln rasch zurückgelegt ist. Ein Grund, warum es so schwer ist, Fliegen mit der Hand zu erhaschen.

Antizipation ist aber nicht nur in Ballsport und Kampfsport bedeutsam. Auch beim Laufen, Skifahren, Fahrradfahren usw. muss man in die Zukunft schauen können. Wenn es dunkel ist oder wenn es dichten Nebel gibt, dann ist es nicht möglich, schnell zu laufen oder schnell zu fahren.

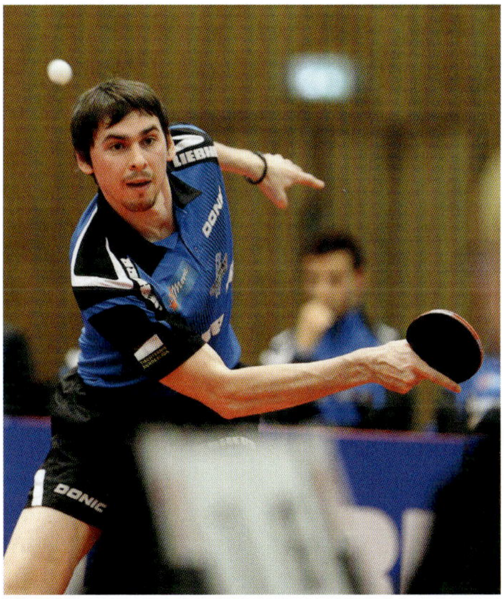

Beim Sport muss man folglich stets mit seinen Gedanken voraus sein. Das ist sehr anspruchsvoll. Das benötigt viel mentale Kapazität. Wer seine Handlungen nicht über die Antizipation steuert, der ist zu spät dran und kann nicht die erforderliche Leistung erbringen [3].

Das kennen wir auch von Auffahrunfällen. Ist der Abstand zu gering oder der Fahrer einen Moment nicht aufmerksam, dann ist der physikalisch bedingte Bremsweg größer als die Distanz zum vorausfahrenden Fahrzeug.

Und damit kommen wir zu einem weiteren Dilemma. Einerseits muss die Aufmerksamkeit gedanklich auf das ausgerichtet sein, was auf mich zukommt. Sie muss sich also der Zukunft widmen. Andererseits muss die Aufmerksamkeit aber auch der Steuerung meiner motorischen Handlungen in der Gegenwart gelten, denn sonst stehe ich nur stumm da und bewege keinen Muskel.

Mehrere Aufgaben gleichzeitig zu bearbeiten, das bringt uns Menschen schnell an eine geistige Kapazitätsgrenze (Memmert & Leinert, 2020 [3], S. 63-66). Simultan müssen die Situationen zukunftsgerichtet analysiert, die darauf bezogenen Aktionen geplant und die eigenen Bewegungen gesteuert werden.

Weiterhin ist es erforderlich, beeinträchtigende Emotionen zu regulieren und die Motivation aufrechtzuerhalten. Ein bisschen viel für ein kapazitiv beschränktes Gehirn, das schon überfordert ist, wenn es sich beispielsweise eine 22-stellige IBAN-Nummer merken soll!

Die Konsequenz ist einfach: Man richtet die Aufmerksamkeit wie einen Scheinwerfer jeweils nur auf einen ausgewählten Aspekt, nämlich auf jenen, der jetzt im Moment am wichtigsten für die Leistung ist [23]. Natürlich wäre es schöner, wenn sich die Aufmerksamkeit gleichzeitig auf alle relevanten Bereiche richten könnte. Aber das ist aus Kapazitätsgründen nicht möglich. Denn das, was wir als das „Fenster des Bewusstseins" bezeichnen, das umfasst nur wenige Sekunden [24, 25]. Alltagssprachlich nennen wir das „Moment" oder „Augenblick".

Was davor liegt, ist Vergangenheit oder Erinnerung. Was danach kommt, ist Zukunft oder Erwartung. Wir leben also nur wenige Sekunden. Und in dieser knapp bemessenen Zeit müssen wir die für die eigene Sportart relevanten Entscheidungen treffen.

So wenden wir die Aufmerksamkeit immer wieder anderen Bereichen zu: mal der präzisen Steuerung der Bewegungen, mal der gerade jetzt wichtigen Strategie, mal den aufkommenden Emotionen, mal den Aktionen des Gegners, mal den Zurufen des Trainers usw. Man nennt das „Aufmerksamkeitsregulation" oder „Management der Aufmerksamkeit" [23].

Dadurch kann man die völlige Überlastung des Gehirns vermeiden, die zur Handlungsunfähigkeit führen würde.

Gerade weil das Zeitfenster so klein und die Kapazität der Informationsverarbeitung so gering ist, dürfen irrelevante Aspekte keine Aufmerksamkeit auf sich ziehen. Für diesen Sachverhalt wurden von Julius Kuhl (2001; [26]) die Begriffe „Handlungsorientierung" und „Lageorientierung" eingeführt.

Ein Torhüter ist dann „handlungsorientiert", wenn er seine gesamte Aufmerksamkeit auf Anlauf und Fußstellung des Schützen lenkt, um so früh wie möglich erkennen zu können, in welche Ecke der Schuss vermutlich kommen wird. Das ist sinnvoll. Ein Torhüter ist dann

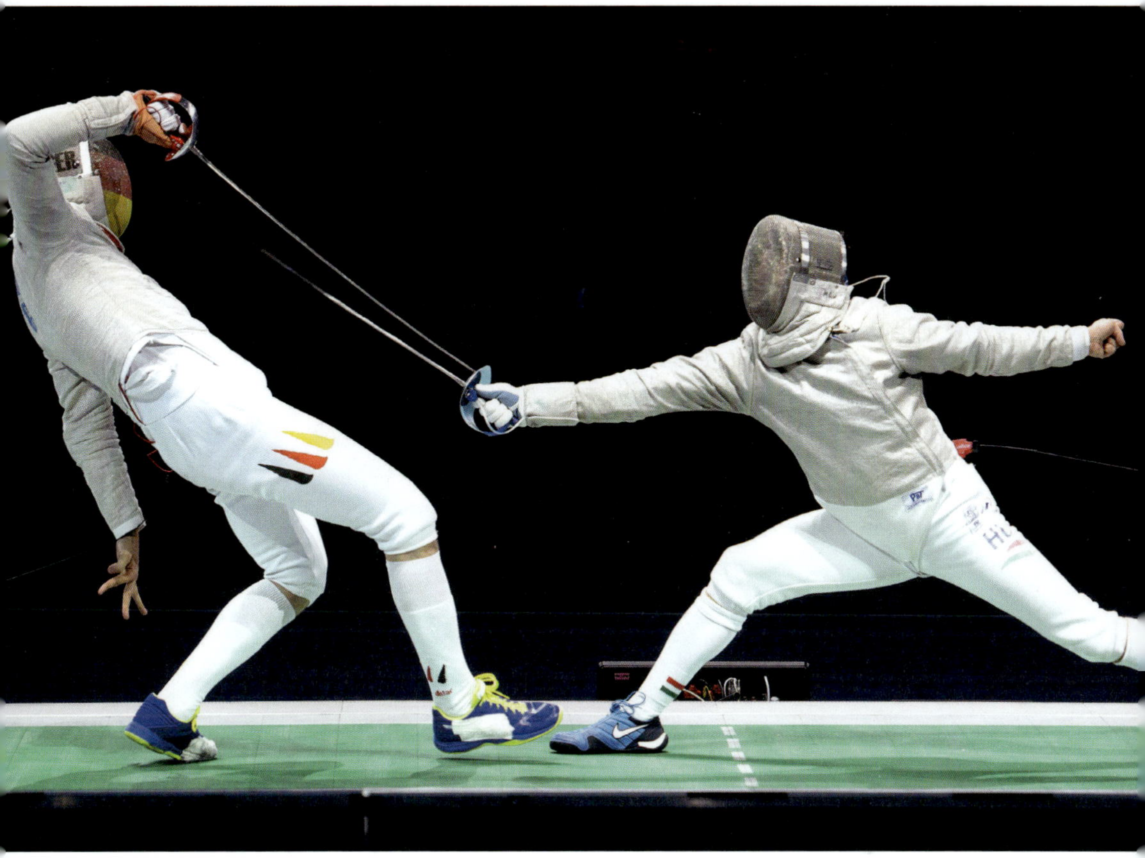

„lageorientiert", wenn er beim Anlauf des Schützen darüber nachdenkt, dass seine Mannschaft verliert, wenn er diesen Strafstoß nicht pariert oder wenn er darüber sinniert, dass er beim Elfmeterschießen schon immer schlecht ausgesehen hat.

Forschungsergebnisse weisen eindeutig darauf hin, dass vor allem unter großem Druck die „handlungsorientierten" Sportlerinnen und Sportler eindeutig die besseren Leistungen erzielen. Denn sie nutzen die begrenzte Kapazität des Gehirns zur Steuerung des Handelns und nicht zur Bewertung der Lage, in der sie sich befinden.

Ein erfolgreicher Boxer hatte es im Halbfinale der Landesmeisterschaft mit einem Gegner zu tun, von dem er annahm, dass er ihn klar besiegen würde. Doch plötzlich lag er selbst am Boden.

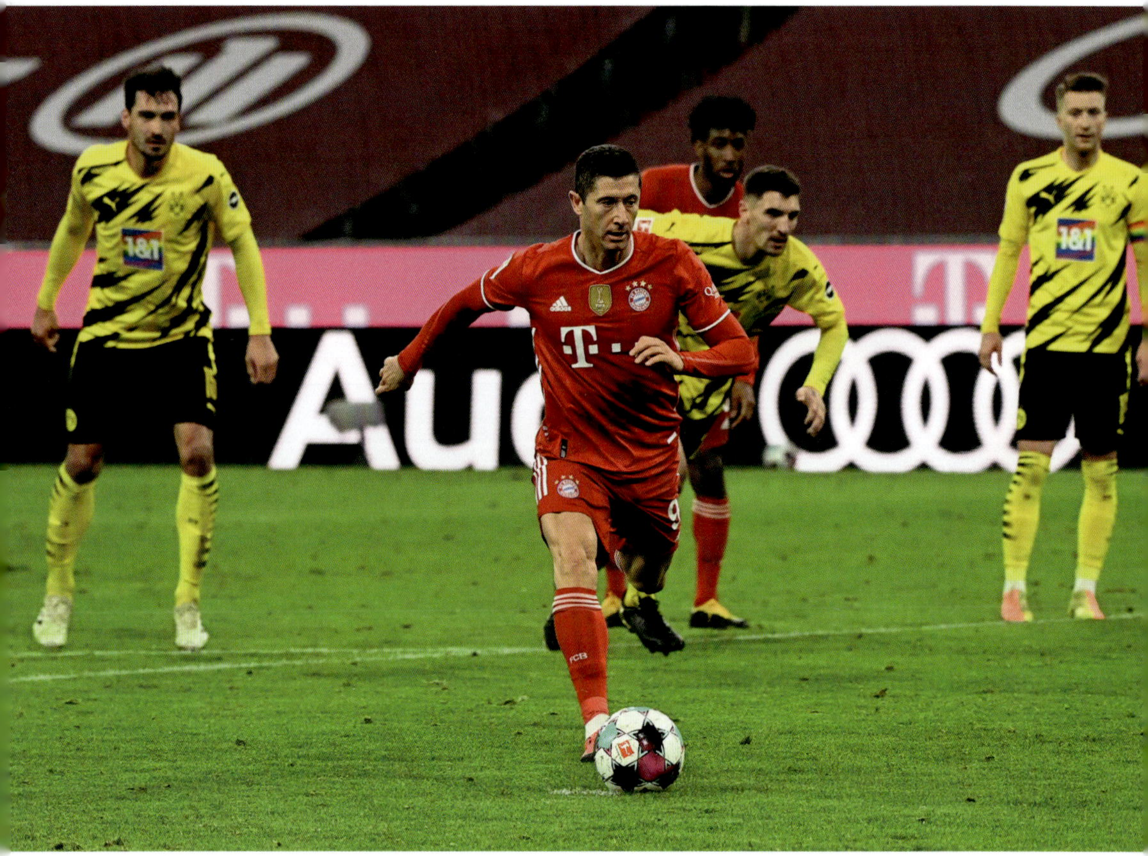

Im Interview berichtete er mir, er habe den Schlag nicht kommen sehen, das heißt, er habe ihn nicht antizipiert, wurde also unvorbereitet getroffen. Er rappelte sich wieder hoch mit dem festen Vorsatz, die Bewegungen seines Gegners genauer zu beobachten und zugleich der eigenen Deckung mehr Beachtung zu schenken.

Er ärgerte sich über sich selbst, konnte seine Gefühle jedoch in positive Aktivität umwandeln. So gewann er doch noch das Halbfinale und dank seiner neuen Erkenntnis auch das Finale.

Was war passiert? Zu Beginn des Kampfs schweiften seine Gedanken umher. Er fühlte sich überlegen und widmete deshalb der im Kampfsport so entscheidenden Antizipation zu wenig Aufmerksamkeit (Lageorientierung). Nach dem Niederschlag schaffte er es trotz starker Emotionen – eine beeindruckende mentale Leistung –, sich ganz auf die Bewegungen des Gegners sowie auf die eigene Strategie zu konzentrieren und anderen Gedanken keinen Raum zu gewähren (Handlungsorientierung).

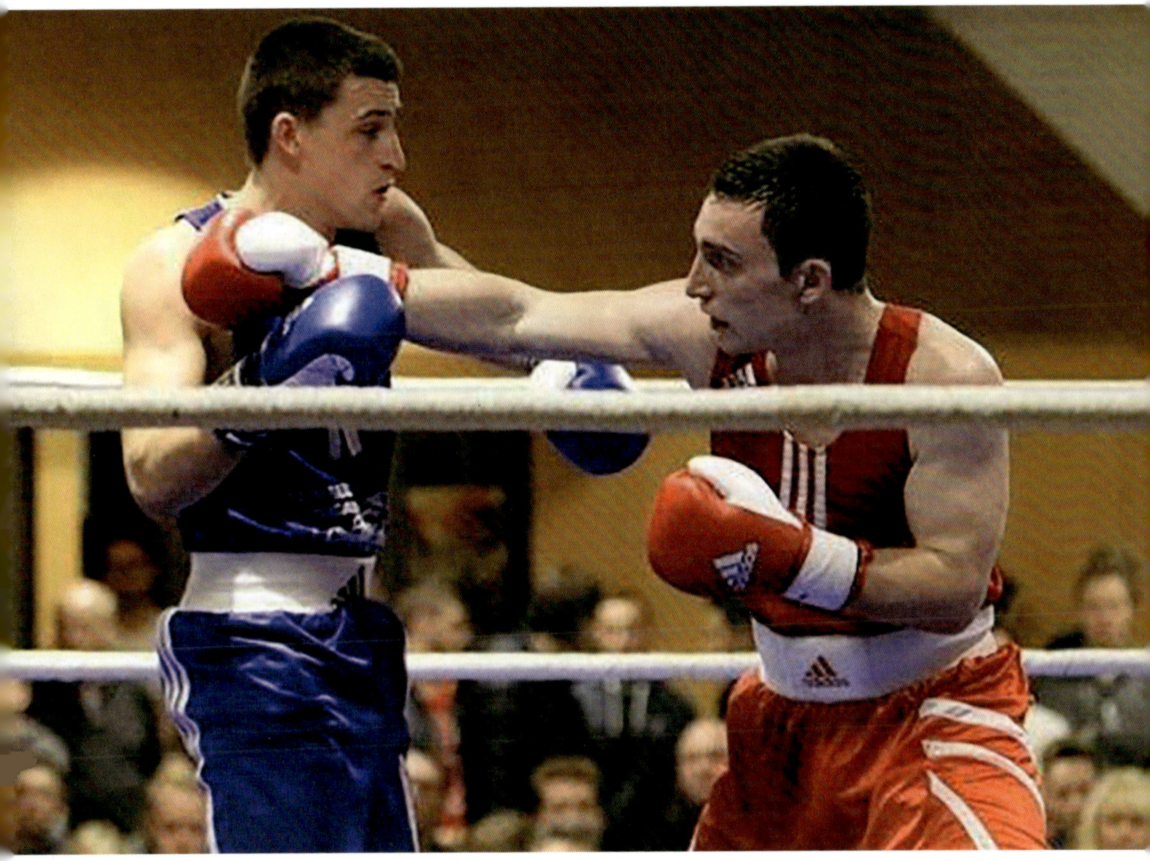

Er hatte erkannt, dass ohne ein optimales Management der Aufmerksamkeit keine zufriedenstellenden Leistungen in seiner Sportart erbracht werden können. Das trifft nicht nur auf den Kampfsport zu, sondern auch auf Ballsportarten.

Doch nicht jede Sportart verlangt eine permanente Steuerung der Aufmerksamkeit. So gibt es in Ausdauersportarten durchaus längere Phasen, in denen man den eigenen Gedanken nachhängen kann (Lageorientierung). Nur in kritischen Situationen, wie etwa in Schwächephasen, bei aufkommenden Schmerzen, beim Überholtwerden oder bei entscheidenden Duellen kurz vor dem Ziel, ist es erforderlich, sich ganz auf die eigenen Bewegungen und die eigene Strategie zu konzentrieren (Handlungsorientierung).

Weil das Zeitfenster des Bewusstseins klein ist, weil die Verarbeitungskapazität des Gehirns beschränkt ist und weil die Aufmerksamkeit deshalb ständig von der einen Aufgabe zur anderen „springen" muss, ist es ganz besonders schwierig, Antizipation und Aufmerksamkeit zu regulieren. Man hat bei der Regulation der Aufmerksamkeit deutlich weniger Zeit als bei der Regulation der Emotionen oder der Regulation der Motivation.

Gerade wenn ein Geschehen blitzschnell abläuft, wie etwa in Kampf- oder Ballsportarten, muss die Aufmerksamkeit im richtigen Bruchteil einer Sekunde präzise auf den wichtigsten Bereich gelenkt werden. Das ist nicht unmöglich, erfordert jedoch Training. Stark im Kopf zu sein, das kommt nicht von ganz allein!

SELBSTANALYSE: WIE KONZENTRIERT BIN ICH?

HINWEIS Die Fragen sind weniger im Sinne von Testfragen zu verstehen, die man exakt zahlenmäßig auswertet, sondern mehr als Impulse zum Nachdenken über eigene Stärken und mögliche Entwicklungsbereiche.

1. Während eines Wettkampfs achte ich auf die Reaktionen der Zuschauer, des Trainers und der Mannschaftskollegen.

IMMER	HÄUFIG	SELTEN	NIE
○	○	○	○

2. Wenn sich meine Gegnerinnen oder Gegner unfair verhalten, dann bringt mich das ziemlich aus der Ruhe.

IMMER	HÄUFIG	SELTEN	NIE
○	○	○	○

3. Während eines Wettkampfs denke ich darüber nach, ob meine Leistung gut genug ist.

IMMER	HÄUFIG	SELTEN	NIE
○	○	○	○

4. Während eines Wettkampfs kommt es vor, dass ich zu spät reagiere.

IMMER	HÄUFIG	SELTEN	NIE
○	○	○	○

5. Ich schaffe es nicht, mich voll zu konzentrieren, wenn es darauf ankommt.

IMMER	HÄUFIG	SELTEN	NIE
○	○	○	○

6. Während eines Wettkampfs gehen mir zu viele Gedanken durch den Kopf.

IMMER	HÄUFIG	SELTEN	NIE
○	○	○	○

Wenn mindestens eine der sechs Fragen mit „immer" oder „häufig" beantwortet wurde, dann ist zu erwarten, dass das Training mit dem hier vorgestellten sportpsychologischen Programm zu einer Steigerung der Wettkampfleistungen führt.

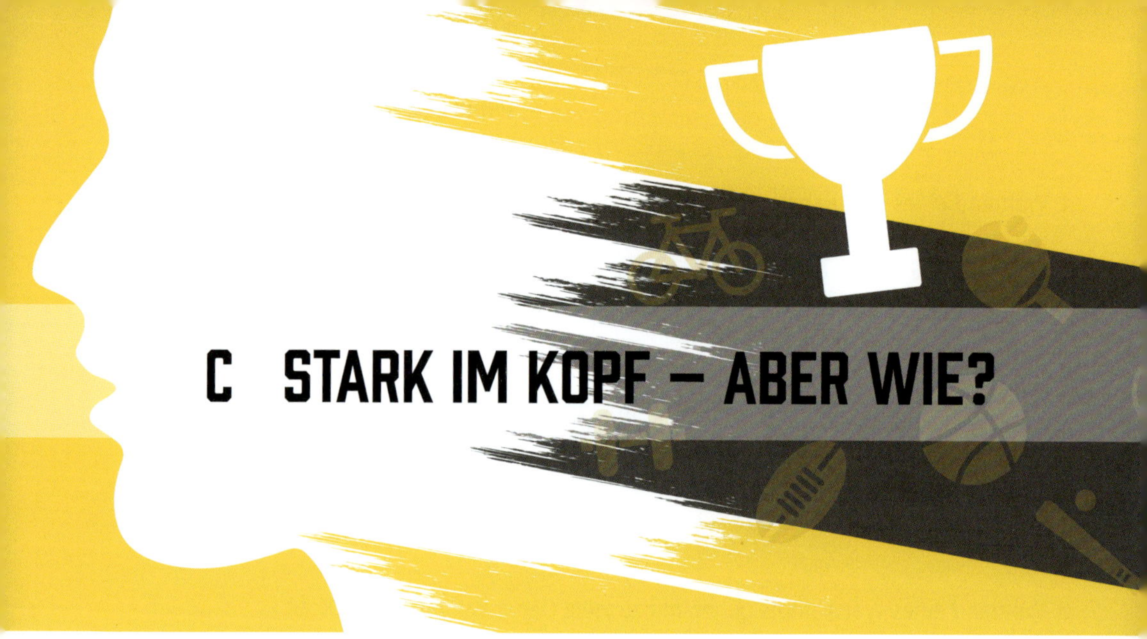

C STARK IM KOPF – ABER WIE?

Die entscheidende Frage lautet: Muss man sich damit abfinden, dass man im Kopf in kritischen Situationen nicht so stark ist, wie man das gerne möchte – oder gibt es praktikable, gut zu bewältigende Wege, die jedermann mit Erfolg zurücklegen kann? Die Antwort darauf hängt von jenem Bereich ab, in dem man gerne mental stärker sein würde.

So ist etwa das **Erregungsniveau** einige Zeit vor einem Wettkampf gut zu regulieren, weil der Handlungsdruck gering ist. Schwieriger ist es, das Erregungsniveau direkt vor oder gar während eines Wettkampfs zu regulieren.

Denn das Fenster des Bewusstseins ist klein und neben vielen anderen Aufgaben (Taktik, Bewegungssteuerung, Dosierung des Energieeinsatzes usw.) sind zusätzlich die aufsteigenden Emotionen zu regulieren. Dennoch stellt das in diesem Buch vorgeschlagene Trainingsprogramm eine gut erprobte Möglichkeit dar, auch unter Handlungsdruck erfolgreich mit den eigenen Emotionen umzugehen. Noch etwas herausfordernder ist es, in interaktiven Disziplinen wie Kampfsport oder Ballsport, die **Antizipation** zu steuern, weil die Fokussierung der Wahrnehmung hochgradig automatisiert abläuft.

Schließlich kommt man an die Grenzen der Einflussnahme, wenn man die **Motivation** regulieren möchte. Vor allem dann, wenn eine Kette von Niederlagen durchlaufen wurde. Da Motivation eng mit dem Kern der eigenen Persönlichkeit verknüpft ist, zu dem das Selbstwertgefühl, der Glaube an sich selbst sowie grundlegende Hoffnungen und Befürchtungen zählen, ist hier nicht mit schnellen Änderungen zu rechnen.

1 DAS ERREGUNGSNIVEAU VERRINGERN

Die Regulation des Erregungsniveaus ist keine neue Idee, sondern wird seit Jahrtausenden angestrebt. Einer der frühesten Ansätze stammt aus dem Industal und wird als „Yoga" oder „Yuga" bezeichnet. Der aus dem Sanskrit stammende Begriff deutet auf ein „Joch" hin, also auf etwas, das zusammenbindet, vereinigt, integriert.

Stellt man sich ein Ochsengespann vor, so ist das eine Tier der Körper und das andere Tier der Geist. Yoga will teils durch körperliche Übungen, teils durch Atemübungen, teils durch Meditation die Spaltung von Körper und Geist aufheben.

Das autogene Training nach Johannes Heinrich Schultz (2003; [27]) möchte vergleichbare Effekte auf einem ganz anderen Weg erreichen. Ein Zustand tiefer Entspannung soll allein durch Vorstellungskraft erzeugt werden, also „von innen heraus" durch Selbstbeeinflussung.

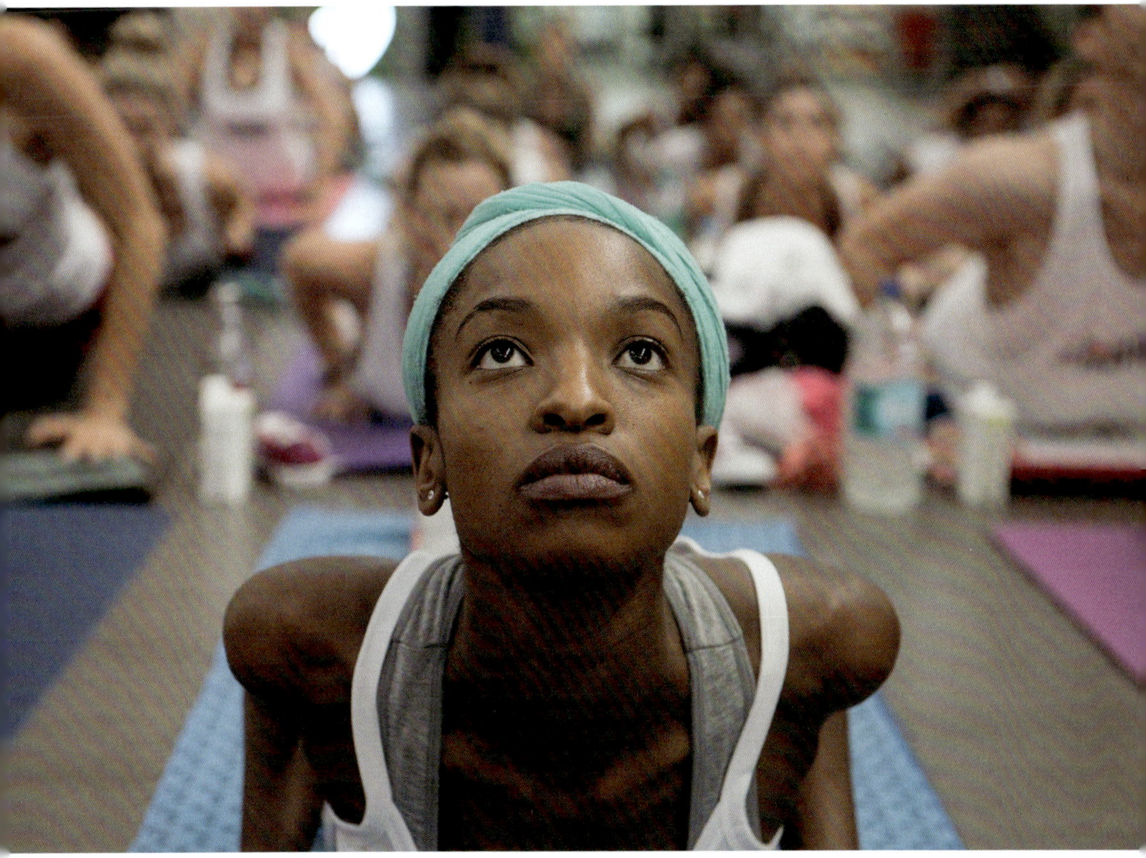

Die Aufmerksamkeit wird auf den eigenen Körper gerichtet, um durch „konzentrative Selbstentspannung" – so der Untertitel seines 1932 erschienenen Buchs – das Erregungsniveau zu vermindern.

Der Fokus richtet sich zuerst auf die Ruhe („ich bin ganz ruhig"), danach auf die Schwere („mein rechter Arm ist schwer"), später auf Herz, Atem, Bauch usw. Anfangserfolge sind nicht einfach zu erzielen, aber nach einem Lernweg von etwa acht Monaten erweist sich das Verfahren als hochwirksam.

Noch einmal anders setzt Tai-Chi an, das aus einer Kampfkunst (Taijiquan) hervorging und durch fließend ineinander übergehende Bewegungen in Kombination mit kontrollierter Atmung das Erregungsniveau reguliert.

Mit der Muskulatur arbeitet auch das von Edmund Jacobson (1934; [28]) entwickelte Verfahren, dessen Ziel es ist, durch willentliche An- und Entspannung von Muskelpartien den Muskeltonus zu senken und dadurch Unruhe wie Erregung zu vermindern. Die Wirksamkeit dieses leicht erlernbaren Vorgehens ist in vielen wissenschaftlichen Untersuchungen nachgewiesen worden.

Alle beschriebenen Konzepte zielen übereinstimmend darauf ab, den Parasympathikus anzusprechen. Das ist jene Komponente des vegetativen Nervensystems, die für Ruhe, Erholung sowie für den Aufbau von Körperreserven verantwortlich ist. Gegenspieler ist der Sympathikus. Der reguliert die bei Belastung erforderliche, nach außen gerichtete Mobilisierung, steigert die Leistungsfähigkeit und aktiviert das Herz-Kreislauf-System.

Gerade weil im Sport dem Körper viel abverlangt wird, kann es dazu kommen, dass der Zustand einer emotionsbedingten Überaktivierung erreicht wird, der gleichermaßen planvolles Agieren wie fein abgestimmte Bewegungssteuerung erschwert und damit dem Erreichen der angestrebten Leistungen zuwiderläuft.

Ziel ist es, leistungsbehindernde Erregung zu verschiedenen Zeitpunkten regulieren zu können:

1. lange vor dem Wettkampf,
2. direkt vor dem Wettkampf und vor allem
3. in kritischen Situationen während des Wettkampfs, in denen überbordende Emotionen das Leistungsvermögen beeinträchtigen.

Erforderlich ist ein leicht erlernbares Verfahren, das schon nach wenigen Übungsdurchgängen eingesetzt werden kann. Diese von mir entwickelte Technik enthält die folgenden Komponenten (siehe Audiodatei):

1.1 TIEFE BAUCHATMUNG ALS ERSTER BAUSTEIN

Im Gegensatz zur Brustatmung werden bei der tiefen Bauchatmung weniger Muskeln bewegt, weil der Brustkorb kaum angehoben wird. Die tiefe Bauchatmung benötigt nicht so viel Energie und senkt den Blutdruck. Sie wird unbewusst im Schlaf eingesetzt.

Man kann sie jedoch im wachen Zustand willentlich aktivieren, indem man auf die Bewegungen der Bauchdecke achtet: Beim Einatmen hebt sich die Bauchdecke und der Bauch wird rund; beim Ausatmen fällt die Bauchdecke nach innen ein.

Sorgt man dafür, dass die Bauchdecke möglichst weite Wege zurücklegt, so atmet man ruhig, langsam, tief und gleichmäßig. Dadurch wird der Parasympathikus angeregt. Folge ist eine deutliche Reduktion von Stress und Anspannung.

Auf diese einfache Weise kann man dafür sorgen, dass sich leistungsbeeinträchtigende Emotionen vermindern. Das klappt nicht nur außerhalb eines Wettkampfs, sondern auch bei Wettkampfunterbrechungen. Man schließt die Augen oder schaut ins Leere, atmet ganz bewusst wenige Male mit der Bauchdecke und konzentriert sich auf das Kommende.

Verknüpft man in der Übungsphase des mentalen Trainings die tiefe Bauchatmung ganz systematisch mit einem die Entspannung auslösenden Signalwort – wir informieren über diese Technik im nächsten Kapitel –, so kann man in kritischen Wettkampfsituationen unerwünschten Emotionen die Spitze nehmen, indem man ein oder zwei Atemzüge mit dem eingeübten Signalwort begleitet und dadurch die Anspannung wirkungsvoll vermindert.

1.2 MUSKELENTSPANNUNG ALS ZWEITER BAUSTEIN

Muskelentspannung ist in erster Linie längere Zeit vor einem Wettkampf sinnvoll. Spürt man eine zu hohe Aufgeregtheit, so kann man im Liegen oder Sitzen einige Muskelpartien kurz anspannen und danach gleich wieder entspannen. Arbeitet man auf diese Weise zum Beispiel nacheinander mit den Händen, den Armen, den Beinen, dem Rücken und dem Kopf, so lockern sich immer mehr Muskeln.

Eine entspannte Muskulatur spricht den Parasympathikus an und verträgt sich deshalb nicht mit Nervosität, Lampenfieber, Leistungsangst oder anderen leistungsbeeinträchtigenden Emotionen. Kombiniert man in der Übungsphase des mentalen Trainings, wie es beim Training mit der Audiodatei geschieht, ganz systematisch den Vorgang der Muskelentspannung mit einem Signalwort, so kann später während des Wettkampfs das bewusste innere Sprechen dieses Stoppcodes dazu führen, dass die Erregung abnimmt.

Im Gegensatz zur wenigstens zeitweise während eines Wettkampfs einsetzbaren tiefen Bauchatmung macht es wenig Sinn, das systematische An- und Entspannen verschiedener Muskelpartien mitten in einer Leistungssituation anzuwenden. Die idealen Zeitpunkte für die Technik der Muskelentspannung liegen Tage oder mindestens Stunden vor dem Wettkampf.

Besonders gut eignet sich der Tag bzw. der Abend davor. Hier kann man sich nach dem Konzept der systematischen Desensibilisierung (= eine Technik, durch die man schrittweise unempfindlich gegen Stress wird) die auf einen zukommenden Herausforderungen bildlich vorstellen, die emotionale Aufgeregtheit innerlich aufsteigen lassen und danach mit einer Kombination aus Muskelentspannung, Bauchatmung und Signalwort dafür sorgen, dass sich beeinträchtigende Emotionen verringern.

1.3 SYSTEMATISCHE VERKÜRZUNG DER ERREGUNGSREGULATION ALS DRITTER BAUSTEIN

Stark im Kopf sollte man zu verschiedenen Zeitpunkten sein:

1. lange vor dem Wettkampf,
2. direkt vor dem Wettkampf und
3. in kritischen Situationen mitten im Wettkampf.

Charakteristisch für diese Abfolge sind zwei Merkmale: Erstens steht immer weniger Zeit für die Regulation leistungsbeeinträchtigender Erregung zur Verfügung. Zweitens ist davon auszugehen, dass mit zunehmender Annäherung an das Erbringen der Leistung die Intensität der begleitenden Gedanken und Gefühle ansteigt.

Das führt zu einer paradoxen Situation: Je stärker die Erregung ist, desto weniger Zeit steht für deren Regulation zur Verfügung. Der Ausweg aus diesem Dilemma: Intensives Training!

Wer vor und während eines Wettkampfs mental stark sein möchte, der sollte nicht nur die für seine Sportart typischen Übungseinheiten absolvieren, sondern sich zusätzlich die Fähigkeit aneignen, Emotion, Motivation und Konzentration durch mentales Training regulieren zu können.

Als Hilfe dazu ist diesem Buch eine Audiodatei beigefügt, die vier auf die verschiedenen Einsatzzeitpunkte abgestimmte Varianten enthält:

1. Eine Langform von etwa 10 Minuten, mit der **in den Tagen vor dem Wettkampf** mental trainiert werden kann.
2. Eine Drei-Minuten-Form für die **Aufwärmphase** vor dem Wettkampf.
3. Eine Ein-Minuten-Form, die **direkt vor dem Beginn** des Wettkampfs einzusetzen ist.
4. Eine Sekundenform für den Einsatz **mitten** im Wettkampf.

Wie sind diese vier Varianten im Detail beschaffen?

In den Tagen vor einem Wettkampf ist genügend Zeit für mentales Training, das durch den Tonträger angeleitet wird. Günstig ist es, eine liegende oder sitzende Position einzunehmen und parallel dafür zu sorgen, dass möglichst wenige Störungen aus der Umgebung das mentale Training beeinträchtigen.

Liegt oder sitzt man bequem, dann schließt man die Augen und konzentriert sich zunächst auf die tiefe Bauchatmung. Die einzelnen Atemzüge werden mit dem in der Analysephase ausgewählten Stoppcode begleitet, damit dieser später die gewünschten Regulationsprozesse einleiten kann. Es schließt sich die Arbeit mit einigen Muskelpartien an: Anspannung für einige Sekunden – mit dem Stoppcode die Entspannung auslösen – mehrere Atemzüge mit der tiefen Bauchatmung – nächste Muskelpartie usw.

Abschließend wird überprüft, ob die verschiedenen Muskelpartien entspannt sind (sogenannte *Reise durch den Körper*). Danach geht man gedanklich in die Vergangenheit und wählt einen Wettkampf aus, in dem man an seiner oberen Leistungsgrenze agiert hat. Zur Stärkung des Glaubens an sich selbst stellt man sich Szenen daraus bildlich vor. Anschließend reist man gedanklich in die Zukunft und stellt sich Zeitpunkt, Ort und Gegnerinnen oder Gegner des nächsten Wettkampfs vor. Die dabei aufsteigende Erregung reguliert man durch Konzentration auf die tiefe Bauchatmung samt parallel dazu unhörbar gesprochenem Stoppcode.

Die Langform endet mit dem Entschluss, vor und während des Wettkampfs leistungsbeeinträchtigende Emotionen durch eine Kombination aus tiefer Bauchatmung und Stoppcode zu regulieren. Die Rückkehr in die Normalität erfolgt durch Lockerungs- und Streckbewegungen, abgeschlossen durch das Öffnen der Augen.

Die Drei-Minuten-Form wird in die Aufwärmphase vor einem Wettkampf eingeschoben. Wichtig ist es, einen möglichst wenig gestörten Platz dafür zu finden, was nicht immer einfach ist. An diesen Ort zieht man sich zurück und macht sich wie gewohnt sportartspezifisch warm.

Ist die „Betriebstemperatur" erreicht, dann unterbricht man das Aufwärmen für wenige Minuten. Man lehnt sich im Stehen zum Beispiel mit der Stirn an eine Wand, wobei die Stirn auf dem Unterarm aufruht. Man schließt die Augen und konzentriert sich auf die tiefe Bauchatmung. Jeder Atemzug wird durch einen auf die Regulation der Erregung abgestimmten Stoppcode begleitet.

Nach einigen Atemzügen geht man gedanklich in die Vergangenheit, erinnert sich an einen Wettkampf, in dem man an der oberen Leistungsgrenze agiert hat und versucht, sich diesen vorzustellen. Ziel ist, den „Glauben an sich selbst" als Zentrum der Motivation zu stärken. Nach weiteren Atemzügen stellt man sich eine oder mehrere jener erfolgreichen Bewegungen oder Techniken vor, die man im Wettkampf einsetzen möchte.

Die darauf folgenden Atemzüge werden mit jenen beiden Stoppcodes begleitet, die man gleich im Wettkampf einsetzen möchte. Der erste Stoppcode zielt auf den Umgang mit den Emotionen ab. Der zweite Stoppcode ist sportartspezifisch und bezieht sich auf Technik, Taktik, Konzentration oder Antizipation.

Zum Abschluss nimmt man sich vor, immer dann während des Wettkampfs mit den Stoppcodes zu arbeiten, wenn leistungsbeeinträchtigende Gedanken, Gefühle oder Gewohnheiten auftreten. Danach öffnet man die Augen und setzt das Aufwärmen fort.

Direkt vor Beginn des Wettkampfs geht es darum, sich einerseits zu beruhigen, denn die beteiligten Emotionen sind in der Regel recht stark. Das ist der bekannte „Vorstartzustand". Durch mehrfache tiefe Bauchatmung, jeweils verknüpft mit dem entsprechenden ersten Stoppcode, kann ein Teil der überschäumenden Erregung vermindert werden.

Andererseits ist es wichtig, sich sportartspezifisch darauf zu konzentrieren, was jetzt gleich zu tun ist. Anstatt sich mit Hoffnungen oder Befürchtungen zu beschäftigen, wird die Aufmerksamkeit auf Strategie, Taktik, erfolgreiche Bewegungen, Dosierung der Kräfte usw. gelenkt. Das geschieht mit dem zweiten Stoppcode.

In Verbindung mit der tiefen Bauchatmung werden beide Stoppcodes abwechselnd unhörbar gesprochen. Der Blick geht dabei entweder ins Leere oder es wird zum Beispiel ein Handtuch vor das Gesicht gehalten, damit ablenkende Reize ausgeblendet werden. Kehrt die angestrebte Ruhe sowie die Konzentration auf den Wettkampf ein, werden die Augen geöffnet bzw. richtet sich der Blick auf das gleich beginnende sportliche Geschehen.

Ist der Wettkampf im Gange, so sollte die Aufmerksamkeit vollständig auf die eigenen Bewegungen, die Antizipation, die Taktik usw. gerichtet sein, um einen Zustand höchster Leistungsfähigkeit zu garantieren. Bemerkt man jedoch bei sich, dass man wegen zu großer Erregung hektisch reagiert oder dass die Furcht vor Misserfolg den Körper lähmt, dann kann man mit der Sekundenform die Kontrolle zurückgewinnen.

Hilfreich ist es, wenn es in der betriebenen Sportart Unterbrechungen durch den Schiedsrichter gibt, wenn Time-out genommen werden kann oder wenn etwa wie in Ballsportarten – zum Beispiel vor einem Aufschlag – die Chance besteht, für einen Moment nicht agieren zu müssen.

Zwar sind diese Zeiträume sehr kurz, doch wenn ausreichend mit der 10-Minuten-Form, Drei-Minuten-Form und Ein-Minuten-Form trainiert wurde, dann kann man es schaffen, auch in wenigen Sekunden oder gar parallel zum Handlungsvollzug die Kontrolle über das eigene Agieren zurückzugewinnen.

Kann das Wettkampfgeschehen trotz leistungsbeeinträchtigender Impulse jedoch nicht unterbrochen werden, so bleibt als einzige Möglichkeit, parallel zum Agieren unhörbar einen oder beide Stoppcodes zu sprechen. Stützende Elemente wie tiefe Bauchatmung oder gar die systematische Entspannung verschiedener Muskelpartien können in diesem Fall natürlich nicht eingesetzt werden.

1.4 TRAININGSABLAUF

Das Vorgehen beim Trainieren der Emotionsregulation ist durch die Audiodatei klar vorgegeben. Begonnen wird im Liegen oder Sitzen mit der längsten Form. Mit dieser wird so lange geübt, bis der subjektive Eindruck entsteht, dass es immer leichter gelingt, in eine tiefe Entspannung zu kommen.

Wer schon Erfahrung mit geläufigen Entspannungsmethoden wie autogenem Training, Yoga oder Muskelentspannung hat, dem wird es recht schnell gelingen, zur Ruhe zu kommen. Wer noch nie mit derartigen Programmen Kontakt hatte, benötigt ein wenig länger.

Da die Audiodatei alle erforderlichen Anweisungen enthält, kann man sofort ins Training einsteigen. Es gibt allerdings eine Voraussetzung: Man muss sich in der Analysephase für mindestens zwei Stoppcodes entschieden haben: einen ersten für den Umgang mit der Erregung (z. B. „ruhig", „langsam", „locker" usw.) sowie einen zweiten für das sportartspezifische Agieren (z. B. „voll durchziehen", „genau schauen", „variieren", „platzieren", „mutig attackieren" usw.). Wie man zu den verschiedenen Stoppcodes kommt, das wird im nächsten Kapitel erklärt.

Darauf folgt die Drei-Minuten-Form. Mit ihr sollte zunächst im Sitzen, später im Stehen geübt werden. Stellt sich auch hier das Gefühl ein, dass leistungsbeeinträchtigende Emotionen reguliert werden können und die Konzentration auf das gelenkt wird, was im Wettkampf zu tun ist, dann geht man zur Ein-Minuten-Form über.

Man stellt dabei fest, dass die Audiodatei zunehmend verzichtbar wird. Das ist positiv, denn es ist das erklärte Ziel, sich am Wettkampftag selbst steuern zu können, um unabhängig von Hilfsmitteln den gewünschten mentalen Zustand zu erreichen.

Bleibt noch die Sekundenform. Diese fügt man in das sportartspezifische Training ein. Dazu macht man zuerst Pausen oder Unterbrechungen ausfindig, in denen man den oder die Stoppcodes parallel zur tiefen Bauchatmung sprechen kann.

Zeigt dies nach einigem Üben die erhofften Wirkungen, dann kann man als letzte Stufe versuchen, die Stoppcodes parallel zum sportartspezifischen Agieren einzusetzen. Besonders zu empfehlen sind hier Trainingswettkämpfe oder andere wettkampfnahe Situationen.

Ich nehme mir vor, mit der Audiodatei so lange zu üben, bis ich die Emotionsregulation ansatzweise beherrsche (bis zu 10-mal Tonträger anhören und die zugehörigen Übungen mitmachen).

JA ○ NEIN ○

Ich nehme mir vor, in den Tagen vor einem Wettkampf 1-2-mal mit der 10-Minuten-Form zu trainieren.

JA ○ NEIN ○

Ich nehme mir vor, am Wettkampftag beim Aufwärmen die Drei-Minuten-Form einzusetzen.

JA ○ NEIN ○

Ich nehme mir vor, kurz vor Beginn des Wettkampfs die Ein-Minuten-Form einzusetzen.

JA ○ NEIN ○

Ich nehme mir vor, mitten im Wettkampf die Sekundenform einzusetzen.

JA ○ NEIN ○

WER IN DAS TRAINING MIT DER 10-MINUTEN-FORM EINSTEIGEN MÖCHTE, SOLLTE FOLGENDE EINZELHEITEN FESTLEGEN:

1. An welchem **TAG/DATUM** möchte ich mit dem Training der 10-Minuten-Form beginnen?

----

2. Wie **OFT** pro Woche möchte ich trainieren?

1-mal ____ 2-mal ____ ____ -mal

3. Zu welcher **UHRZEIT** möchte ich trainieren?

----

4. An welchem **ORT** möchte ich trainieren?

----

5. Möchte ich **ALLEINE** oder mit anderen Personen **ZUSAMMEN** trainieren?

Alleine ○ Zusammen mit ---

2 DAS HANDELN ERFOLGREICH STEUERN – ODER WARUM STOPPCODES EIN SO WICHTIGES INSTRUMENT SIND

- Wie steuert man sich selbst in kritischen Situationen?
- Wie kann man vermeiden, dass starke Emotionen oder unerwünschte Automatismen die Herrschaft übernehmen?
- Wie gelangt man zu einer zufriedenstellenden Selbstkontrolle?

Die Antwort darauf ist einfach: Man steuert sich im Prinzip so, wie man einen anderen Menschen steuern würde, was beispielsweise bei Eltern und ihren Kindern, bei Lehrkräften und ihren Lernenden, bei Vorgesetzten und ihren Untergebenen zu beobachten ist: Es werden Befehle erteilt bzw. kurze Anweisungen gegeben.

Nach Aebli (1980; 1981; [29]) ordnet Denken das Tun. Auf unsere Thematik übertragen: Sprechen steuert das Handeln! Denn wenn man sich selbst Befehle in Form von „Selbstanweisungen" oder „Selbstinstruktionen" gibt, dann wirken diese im Prinzip so, als würden sie vom Trainer, vom Coach oder von jemandem aus dem eigenen Team kommen [1].

Dabei spielt es keine Rolle, ob man sich die Befehle hörbar oder unhörbar erteilt. Beide Formen wirken sich gleichermaßen auf die Handlungssteuerung aus. Und die Effekte des „inneren Sprechens", also für Außenstehende nicht hörbarer Anweisungen, sind wissenschaftlich bestens belegt [1, 30].

Der dahinterliegende Wirkmechanismus hat mit dem höchsten Selbstüberwachungssystem zu tun, dem Bewusstsein (siehe auch Kap. B3). Starke Emotionen und Schmerzen verleiten uns zu impulsiven Reaktionen. Dabei geht die Kontrolle über das Handeln verloren.

In Leistungssituationen ist dies in der Regel ungünstig. Kontrolliertes, gut strukturiertes Handeln muss bewusst gesteuert werden, damit die angestrebten Ziele erreicht werden können. Ausgehend von der über eine genaue Selbstbeobachtung gewonnenen Erkenntnis, was in Leistungssituationen gut läuft und was sich ändern sollte, kann man sich selbst Schritt für Schritt in die gewünschte Richtung dirigieren. Die Erfolg versprechendste Maßnahme hierfür sind trainierte Stoppcodes als effektivste Form des „inneren Sprechens".

Muss man in Wettkämpfen alles über bewusste innere Befehle steuern, wenn man erfolgreich sein will? Natürlich nicht. Dazu reicht die Kapazität des „Bewusstseinsfensters" nicht aus. Wollte man jede einzelne Bewegung, jeden Blick, alle Eindrücke, jede Emotion und jede Rückmeldung des Körpers bewusst überwachen und regulieren, würden ganz gewiss die einfachsten Aktionen nicht mehr gelingen. Zu viele Informationen würden eintreffen. Zu viele Entscheidungen müssten getroffen werden. Das System wäre überlastet, der Mensch handlungsunfähig.

Bewusst steuern muss man nur dort, wo etwas nicht so läuft, wie es eigentlich laufen sollte. Solche ungünstigen Abläufe muss man abstoppen, unterbrechen, beenden. Deshalb bezeichnen wir Befehle, die man sich selbst gibt, um Negativentwicklungen abstoppen, als „Stoppcodes". Doch abstoppen reicht nicht aus. Wichtig ist es, zugleich das Erwünschte in Gang zu setzen.

Deshalb sind Stoppcodes stets positiv formuliert. Und sie sollen möglichst kurz sein, damit sie auch unter Druck mitten in einer Leistungssituation innerlich gesprochen werden können. Sie umfassen 1-2 Worte oder einen kurzen Satz. Stoppcodes werden bevorzugt unhörbar gesprochen, weil **beim lauten Aussprechen** die Interaktionspartner denken, sie wären gemeint.

So passierte es mir in einem Tischtennismatch, dass ich die Aufschläge meines Gegners nicht „lesen" konnte. Die Gefahr war groß, deshalb das Spiel zu verlieren. Ich nahm mir also vor, genau auf die Aufschlagbewegungen meines Kontrahenten zu achten, indem ich mir bei jedem Aufschlag des Gegners den Befehl „schauen" gab.

Plötzlich fragte mein Gegner leicht aggressiv: „Was hast du gesagt?" Erst da wurde mir bewusst, dass ich meinen Stoppcode im Eifer laut ausgesprochen hatte, was seltsam wirkte und mein Gegenüber aus der Fassung brachte.

2.1 WIE KOMME ICH ZU MEINEN STOPPCODES?

Erstens muss ich herausfinden, wie ich agiere: Was läuft gut, was läuft nicht so optimal? Das ist nicht so schwer, wie es scheint, denn die meisten Athletinnen und Athleten wissen, an welchen Punkten ihr Handeln verbessert werden könnte.

So weiß ein Kampfsportler, dass er gerne seine Deckung vernachlässigt. Eine Ausdauersportlerin hadert mit sich selbst, weil sie ihre Kräfte unklug einteilt. Ein Tennisspieler stellt sich schlecht zum Ball. Eine Schützin bemerkt bei sich, dass sie die Konzentration nicht über alle 40 Schüsse aufrechterhalten kann. Ein Triathlet weiß, dass er durch seine suboptimale Schwimmtechnik viel Zeit einbüßt.

Ergänzend können die Meinungen von Coach, Trainer, Mannschaftskameraden usw. eingeholt werden (Außensichtperspektiven), was zu neuen Einsichten führen kann.

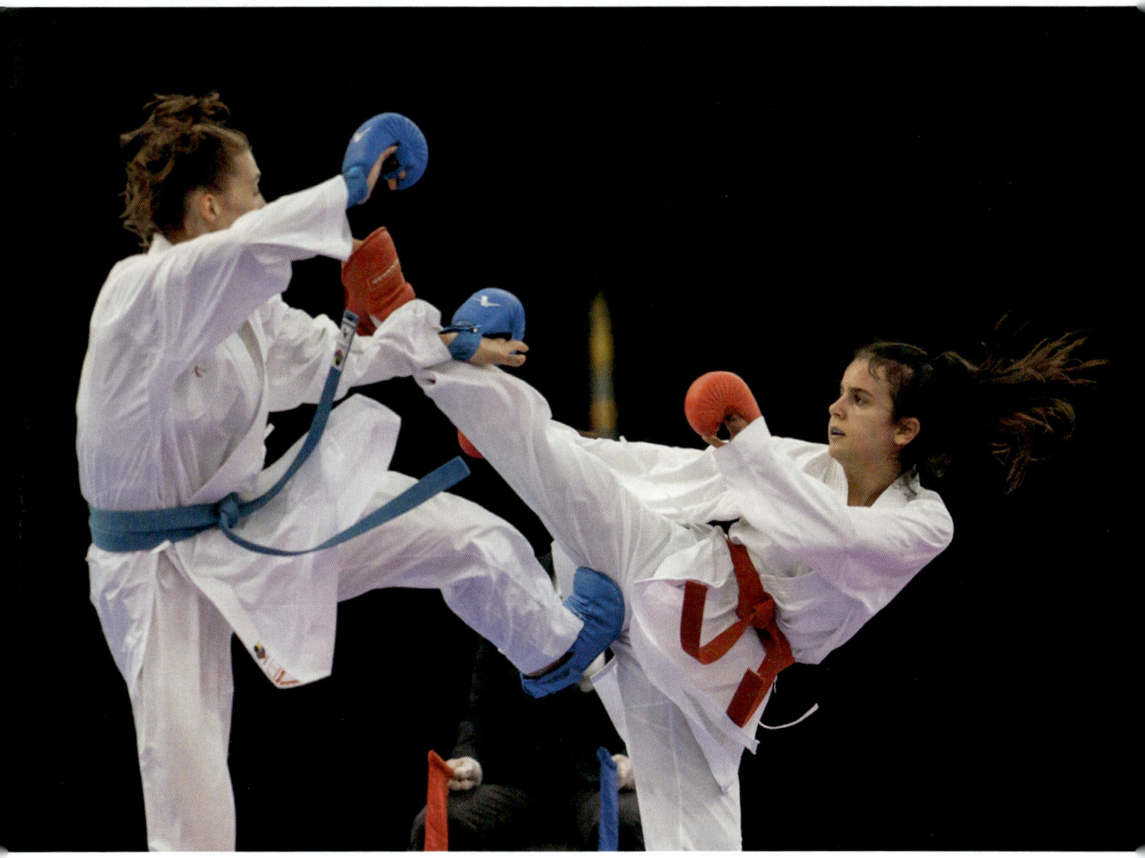

Ist der Arbeitsschwerpunkt festgelegt, dann muss ich zweitens herausfinden, wie das unerwünschte Geschehen in Gang kommt.

- Warum ist meine Schwimmtechnik im Wettkampf schlechter als im Training?
- In welchen Situationen dosiere ich meine Kräfte klug, in welchen übersteure ich?
- Warum bleibe ich stehen, wenn ich glaube, einen guten Ball gespielt zu haben?
- Warum lässt meine Konzentration gegen schwache Gegner eher nach als gegen starke Gegner?
- Warum gerate ich bei Kritik so schnell aus der Fassung?
- Oder anders gefragt: Was löst meine Probleme aus?

Drittens muss ich herausfinden, ob es möglich ist, schon Stunden, Minuten oder wenigstens einige Sekunden vor dem Auftreten der Problematik zu erkennen, dass das unerwünschte

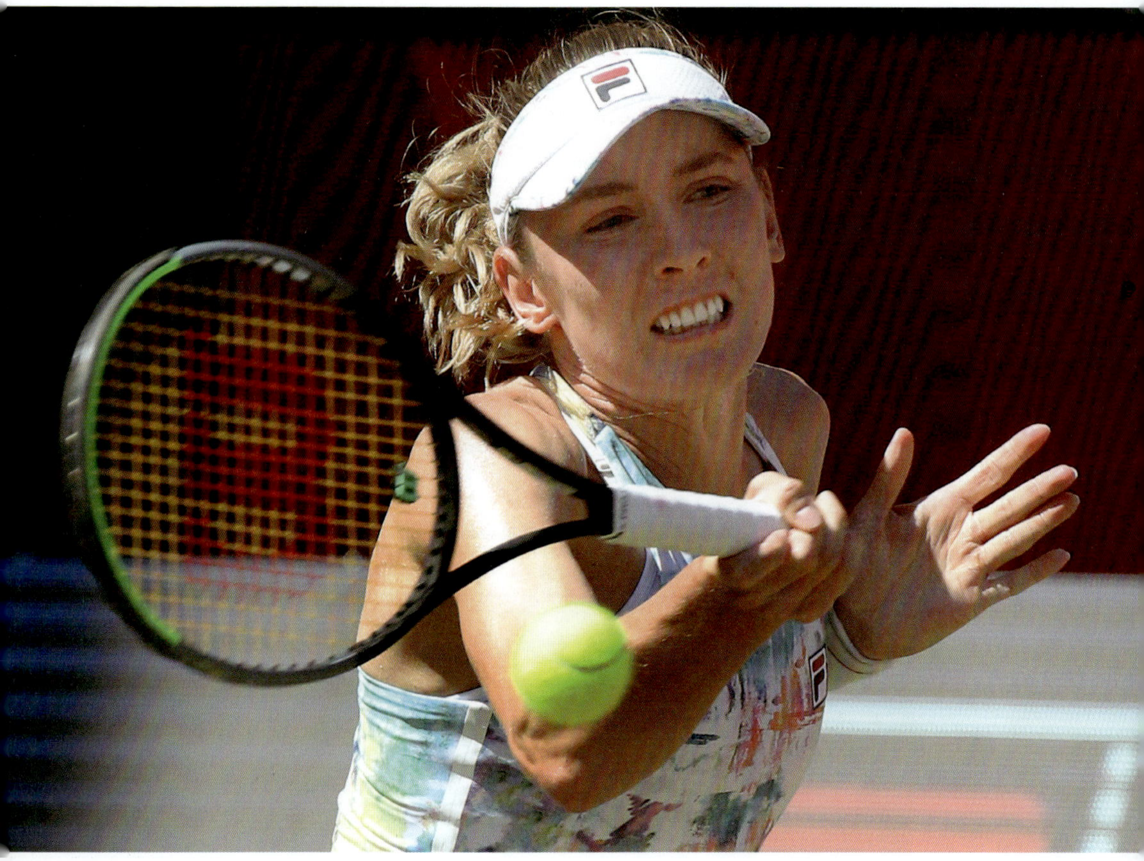

Agieren in Gang kommen wird. Denn je früher ich die Vorboten oder Vorläufer meines Problemverhaltens wahrnehme, desto leichter kann ich in das Geschehen eingreifen.

Wer im Wettkampf schlechter ist als im Training, der weiß, dass der Leistungsvergleich Gedanken und Gefühle verwirrt. Wer erkennt, dass der Gegner deutlich schwächer ist, der kann einem Leistungsabfall vorbeugen. Wer dem eigenen guten Ball begeistert nachschaut, der weiß, dass er sich danach schlecht bewegt. Wer kurz vor dem Ziel überholt wird, der weiß, dass er danach resigniert. Wer schon in der Aufwärmphase unfaire Zuschauerkommentare bemerkt, der kann sich auf problematische Zwischenrufe einrichten. Wer hoch führt, der weiß, dass jetzt gleich seine Motivation nachlassen wird.

Viertens muss ich herausfinden, welche Formulierungen die beste Wirkung auf mein Handeln haben. Ich brauche in der Regel zwei Formulierungen bzw. zwei Stoppcodes:

Einen **ersten Stoppcode** zum Umgang mit meinen Emotionen. „Ruhig", „langsam", „Schritt für Schritt" usw. für den Fall, dass ich mich beruhigen muss. „Aktiv", „bewegen", „Du kannst es", „mutig" usw. für den Fall, dass ich mich anspornen muss.

Einen **zweiten Stoppcode** benötige ich im technischen bzw. strategischen Bereich. Dieser ist ganz eng an die Sportart gebunden.

In einer Ballsportart kann es die Selbstanweisung „Rückhand" sein, um bewusst die eigene Stärke einzusetzen. Bei der Kraultechnik zum Beispiel „Peitsche" als Kurzbefehl für einen kräftigen, peitschenartigen Beinschlag. Im Boxen kann der unhörbar gesprochene Befehl „1 – 2 – 3 – 3" lauten als Kurzform für Jab, Gerade, Haken zum Körper, Haken zum Kopf. Beim Schießen könnte ein Stoppcode „gleichmäßig" lauten, um den Fehler einer plötzlichen Kraftausübung auf den Abzug zu vermeiden. Bei Karate könnte ein Stoppcode „fließen" lauten als Selbstbefehl für eine leichtfüßige Beinarbeit.

Alle vier Schritte sollen zur Verdeutlichung an einem Fallbeispiel dargestellt werden.

Ein Tischtennisspieler der Weltklasse macht extrem gefährliche Aufschläge, die jedoch – gemessen an den Regeln – grenzwertig sind. Er weiß, denn das hat er schon oft bei Turnieren erlebt, dass Gegner oder Schiedsrichter ihn auffordern, korrekt aufzuschlagen. Und ihm zugleich bei Zuwiderhandlung einen Punktabzug androhen.

Dennoch gerät er bei derartigen Interventionen regelmäßig aus der Fassung, weil er sich seiner stärksten Waffe beraubt sieht. So beginnt er, mit Gegner oder Schiedsrichter zu streiten, was sich negativ auf seine Leistungen auswirkt. Und er hat sich in seiner zunehmenden Erregung auch schon geweigert, das Spiel fortzusetzen, was insbesondere bei Länderkämpfen für das eigene Team problematisch war. Wie kommt der Spieler zu seinen Stoppcodes?

1. FESTLEGUNG DES ARBEITSSCHWERPUNKTS

Der Spieler weiß es selbst und Mannschaftskameraden wie Trainer haben es oft beobachtet, dass Leistungseinbrüche bei ihm dadurch entstehen, dass Kritik an seinen Aufschlägen geäußert wird.

2. AUSLÖSER

Interventionen beim grenzwertigen Aufschlagverhalten in Form von Kritik durch Gegner, Zwischenrufe fachkundiger Zuschauer oder vom Schiedsrichter veranlasste Punktabzüge lösen das emotionale Problemverhalten (Verlust der Selbstkontrolle) des Spielers aus.

3. VORBOTEN

Der Athlet weiß im Grunde schon Tage vor jedem Turnier, dass seine Aufschläge stets zur Kritik Anlass geben. Das eröffnet ihm die prinzipielle Chance, sich mental darauf vorzubereiten. Da er beim einstündigen Warmspielen ganz bewusst Aufschläge übt, kann er sich auch hier – näher am Match – mit der Problematik befassen.

Zu Beginn des Wettkampfs kann er beim Anblick von Gegnern und Schiedsrichtern überlegen, wie wahrscheinlich es ist, dass diese konkreten Personen seine Aufschläge kritisieren. Und wenn er sich schließlich in der Konzentrationsphase direkt vor einem Aufschlag für einen diskussionswürdigen oder gar „falschen" Aufschlag entscheidet, dann kann er sich gedanklich auf die zu erwartenden Reaktionen einstellen. Die Kritik an seinen Aufschlägen muss ihn nicht unvorbereitet treffen: es gibt genügend Vorboten.

4. WIRKSAME FORMULIERUNGEN FÜR DIE BEIDEN STOPPCODES FINDEN

Was den emotionalen Bereich betrifft, so ist dies einfach. Der Weltklasseathlet verliert die Selbstkontrolle und wird aggressiv. Hilfreiche Stoppcodes könnten „ruhig" sein oder „bleib ruhig" oder „gelassen". Diese Formulierungen beinhalten, dass er nicht diskutiert und nicht aggressiv wird, sondern dass er die Kritik ruhig und gelassen zur Kenntnis nimmt.

Stoppcodes dieser Art bewahren ihn davor, sich noch mehr zu echauffieren oder gar den Wettkampf zum eigenen Nachteil bzw. zum Nachteil seiner Nationalmannschaft abzubrechen.

Was den technischen bzw. strategischen Bereich betrifft, so ist es deutlich schwerer, hilfreiche Stoppcodes zu finden. Er kann sich vornehmen, ab sofort regelkonform aufzuschlagen, wobei er umgekehrt seine gefährlichste Waffe einbüßt. In der Kombination: „ruhig bleiben – Regel" kann er die Tendenz in sich stoppen, den Konflikt zu verschärfen.

Da er jedoch stets die Sorge hat, dass er ohne „falsche" Aufschläge nicht gewinnen kann, kann er sich alternativ vornehmen, sich der Grenze zwischen „erlaubt" und „verboten" schrittweise anzunähern, möglichst ohne diese zu überschreiten. Stoppcode wäre dann zum Beispiel in seiner Muttersprache „granitsa" (Grenze).

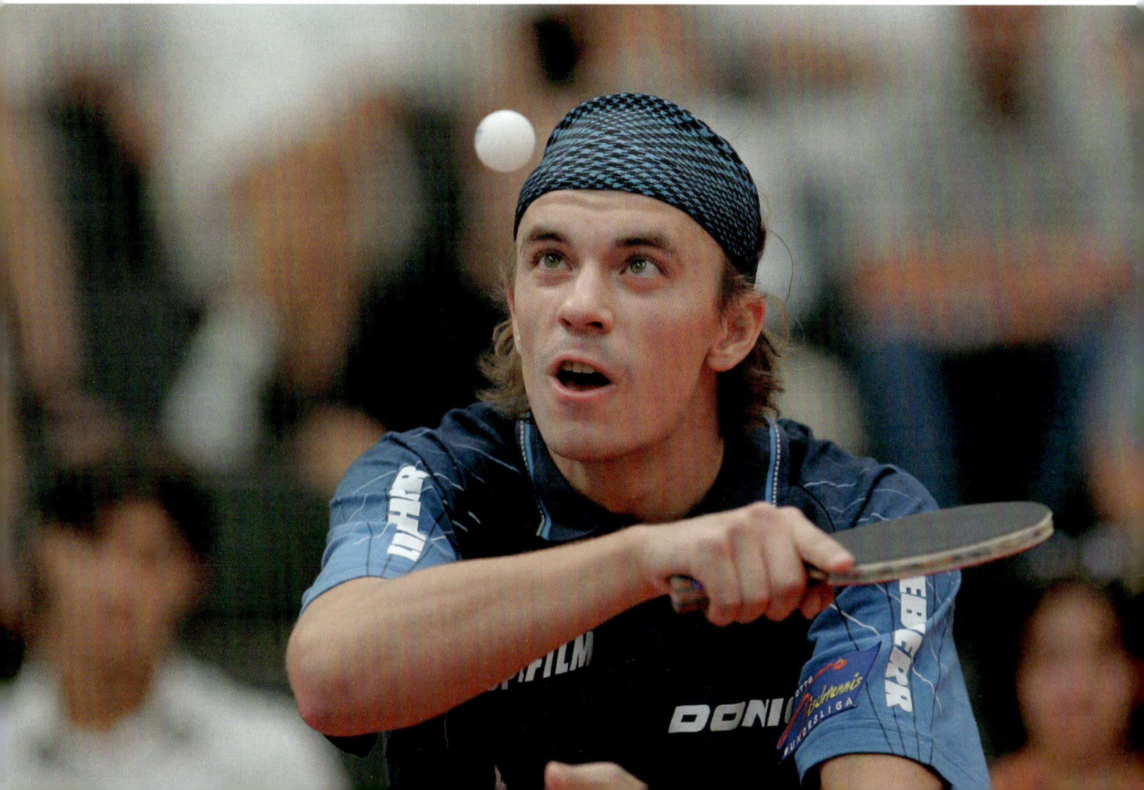

Der Grundgedanke ist ein doppelter. Einerseits so viele Anteile des Agierens automatisiert – also ohne spezielle Zuwendung des Bewusstseins bzw. ohne Aufmerksamkeitszuwendung – ablaufen zu lassen, wie möglich. Und andererseits nur jene Anteile ganz bewusst zu steuern, die nicht wie erwünscht ablaufen und damit die Leistungsfähigkeit beeinträchtigen. Das Eingreifen erfolgt mit den in der Diagnosephase ausgewählten Stoppcodes.

Damit diese in der Wettkampfphase als „Werkzeug" oder „Instrument" zur Verfügung stehen, müssen sie im Training ausreichend erprobt und eingeübt werden. Dies geschieht in Trainingsmatches sowie in simulierten Extremsituationen. So wie ein Schiff einen Kapitän hat, der als höchste Instanz die wichtigen Befehle gibt, so vermittelt das Bewusstsein durch „inneres Sprechen" die entscheidenden Impulse an den Organismus.

Und so, wie der Kapitän niemals in alle Aktionen im Maschinenraum, in der Kombüse, im Laderaum usw. eingreift, so interveniert das Bewusstsein niemals in allen Bereichen, sondern nur dort, wo es nicht gut läuft. Dort, wo es gut läuft, dort lässt man es laufen. Eingriffe würden hier zu Beeinträchtigungen führen.

Folglich sollten Athletinnen und Athleten nur an jenen kritischen Stellen mit Stoppcodes arbeiten, an denen die Intervention eine Verbesserung verspricht.

Stoppcodes stellen das effektivste Instrument dar, mit dem der Mensch gezielt in die eigene Handlungsorganisation eingreift. Stoppcodes stellen eine höchst komprimierte Form von Befehlen dar, mit denen man ein schnell ablaufendes, unter Leistungsdruck stehendes Geschehen beeinflusst. Kurz gesagt: **Stoppcodes sind die „Befehlssprache" des Bewusstseins.**

Jahrelange Erfahrungen mit dem hier skizzierten Trainingsprogramm „Stark im Kopf – erfolgreich im Sport" zeigen:

1. Die Lern- bzw. Trainingszeit bis zum kompetenten Umgang mit dem Programm ist kurz.
2. Das Programm ist hochwirksam.

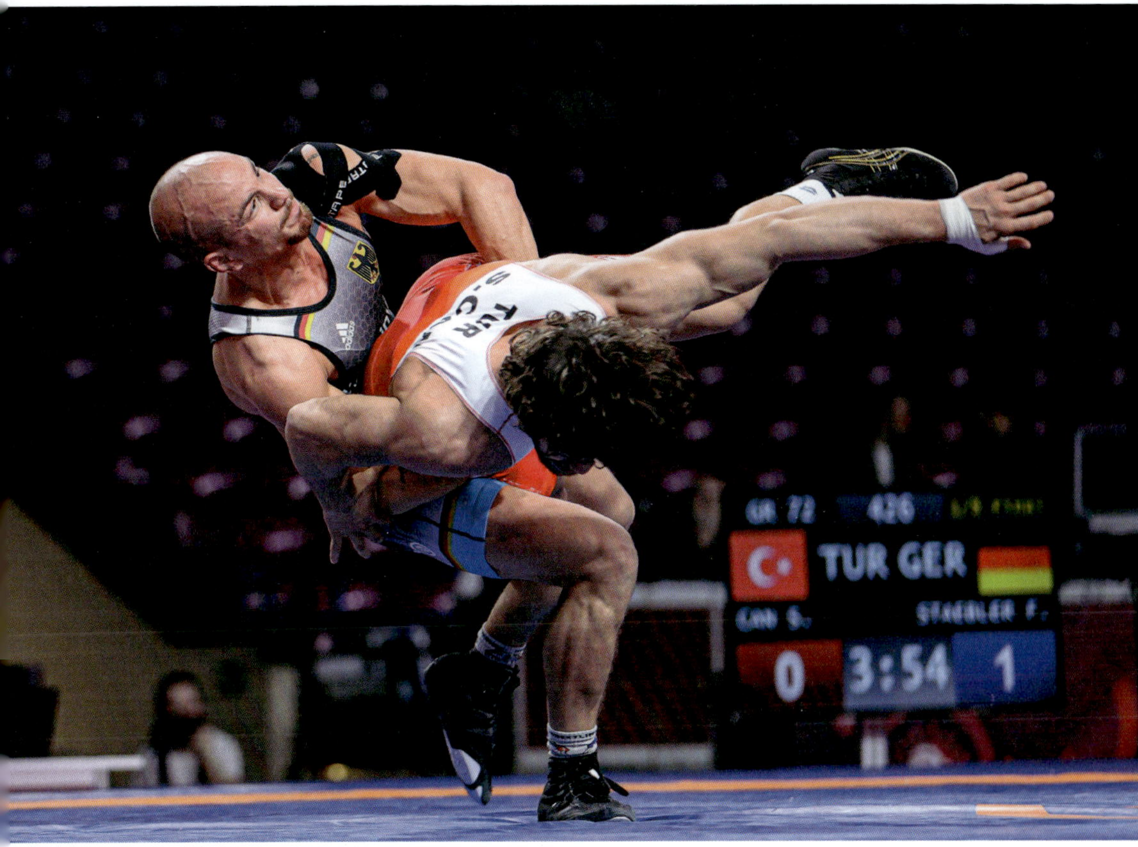

3. Es kann sowohl von Athletinnen und Athleten angewendet, als auch von Trainerinnen und Trainern als Coachinginstrument eingesetzt werden.
4. Personen, die älter sind als etwa 14 Jahre, profitieren stärker von diesem Programm. Personen, die deutlich jünger sind, tun sich mit der hier vorgestellten Form eines sportpsychologischen Trainings zuweilen schwer, weil sie häufig nur ansatzweise in der Lage sind, ihre Emotionen und Aktionen konsequent durch „inneres Sprechen" zu steuern.

2.2. EINIGE BEISPIELE FÜR WIRKUNGSVOLLE STOPPCODES

STOPPCODES FÜR DEN UMGANG MIT EMOTIONEN

Bist du nervös oder unruhig?	**Ruhig**
Sind deine Muskeln verkrampft?	**Locker**
Fühlst du dich wie gelähmt?	**Bewegen**
Bist du ängstlich?	**Mutig**
Agierst du hektisch?	**Langsam**
Wird deine Brust eng?	**Tief atmen**
Zweifelst du an dir selbst?	**Du schaffst es**

STOPPCODES FÜR DEN UMGANG MIT TECHNIKEN/STRATEGIEN

Versuchst du es immer wieder auf die gleiche Art und Weise?	**Variieren**
Ist deine Beinarbeit defizitär?	**Fließen**
Führst du deine Bewegungen nicht richtig aus?	**Durchschwingen**
Kannst du die Bewegungen deiner Gegnerinnen oder Gegner nicht „lesen"?	**Genau schauen**
Teilst du deine Kräfte schlecht ein?	**Dosieren**
Agierst du ohne Plan?	**Step by Step**

Ich nehme mir vor, einen Bereich festzulegen, in dem ich mein sportliches Agieren optimieren will (Arbeitsschwerpunkt).

JA NEIN
○ ○

Ich nehme mir vor, alleine oder mit anderen Personen zusammen herauszufinden, wie das unerwünschte Agieren zustande kommt und wie es sich ankündigt (Auslöser und Vorboten).

JA NEIN
○ ○

Ich nehme mir vor, alleine oder mit anderen Personen zusammen einen Stoppcode für den Umgang mit meinen Emotionen auszuwählen.

JA NEIN
○ ○

Ich nehme mir vor, alleine oder mit anderen Personen zusammen einen Stoppcode für die Optimierung meiner Technik/meiner Wettkampfstrategien auszuwählen.

JA NEIN
○ ○

HINWEIS

Am Ende des Buchs ist in Kap. E ein Analysebogen als Arbeitshilfe zu finden. Mit ihm kann man folgende Punkte festlegen:

- Arbeitsschwerpunkt
- Ziel
- Analyse
- Vorboten und Auslöser
- Zwei Stoppcodes formulieren
- Bewegungsvorstellung
- Erinnerung an einen Wettkampf
- Nächster Wettkampf

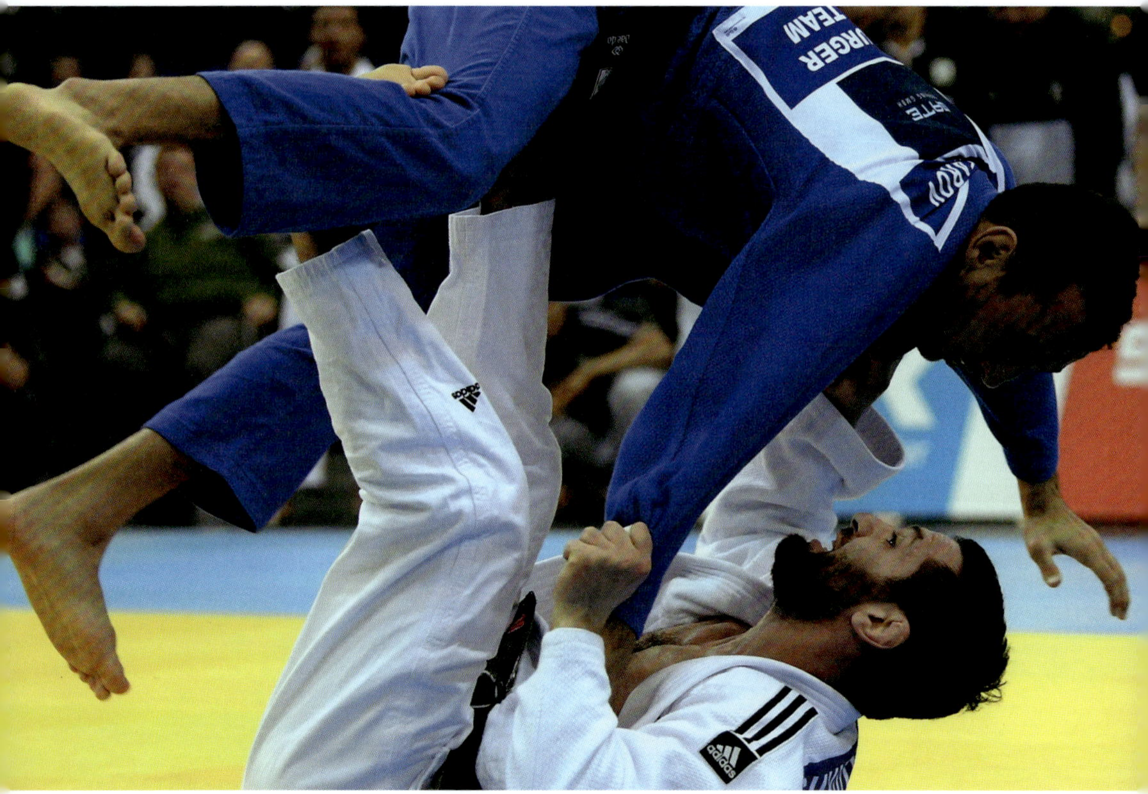

3 DIE MOTIVATION REGULIEREN

Im Mittelpunkt des Motivationsgeschehens steht der Glaube an die eigenen Fähigkeiten, die eigenen Kompetenzen, das eigene Leistungsvermögen. Wie kann man diesen „Glauben" stärken?

3.1 SICH AN POSITIVE LEISTUNGEN ERINNERN

Das Bild, das man sich von den eigenen Fähigkeiten macht, entsteht ab dem ersten Lebenstag. Man erlebt in einer ständigen Abfolge herausfordernder Situationen, was man kann und was man nicht kann. Und im Vergleich mit anderen Menschen erfährt man, was man besser kann, was man gleich gut kann und was man schlechter kann.

Dabei entsteht jedoch kein einheitliches Bild im Sinne von „ich kann alles" oder „ich kann gar nichts", sondern es entstehen **bereichsspezifische Bilder**:

- Wie gut kann ich singen?
- Wie gut kann ich kochen?
- Wie gut kann ich technische Geräte reparieren?
- Wie gut bin ich in den von mir betriebenen Sportarten?

Durch zahlreiche Leistungsvergleiche angeregt, ordnet man sich ein. In manchen Sportarten macht man dies über Zeiten oder Weiten. Es gibt Punkte- oder Klassifizierungssysteme. Es gibt Wettkämpfe, bei denen man sich mit anderen Personen misst. So kristallisiert sich mit der Zeit ein Bild der eigenen Leistungsfähigkeit heraus, das man als „Fähigkeitskonzept" oder als „Selbstkonzept" bezeichnet. So weiß man vor jedem Wettkampf, wo man insgesamt steht zwischen Weltklasse und blutigem Anfänger.

Das **Selbstbild** speist sich aus vielen Erfahrungen, positiven wie negativen. Schaut man auf die negativen Erfahrungen, dann zweifelt man an seinem Leistungsvermögen. Schaut man auf die positiven, dann kann man erkennen, was an Potenzial, was an Möglichkeiten, was an Chancen in einem steckt.

Deshalb ist es zur Steuerung der eigenen Motivation ein äußerst Erfolg versprechender Ansatz, **sich an positive Leistungen zu erinnern.** Das ist natürlich eine verzerrte Perspektive, die zu einer gewissen Überschätzung der eigenen Fähigkeiten führt. Wie schon skizziert, ist es jedoch aus wissenschaftlicher Sicht besonders günstig für zu erbringende Leistungen, sich leicht zu überschätzen. Warum?

Behindernde Leistungsängste sind geringer, weil die Hoffnung auf Erfolg ausgeprägter ist als die Furcht vor Misserfolg. Die Anstrengungsbereitschaft ist höher, weil man eher an ein positives Abschneiden glaubt. Und für das Training gilt ein wissenschaftlich belegter Zusammenhang: Die besten Athletinnen und Athleten trainieren am intensivsten.

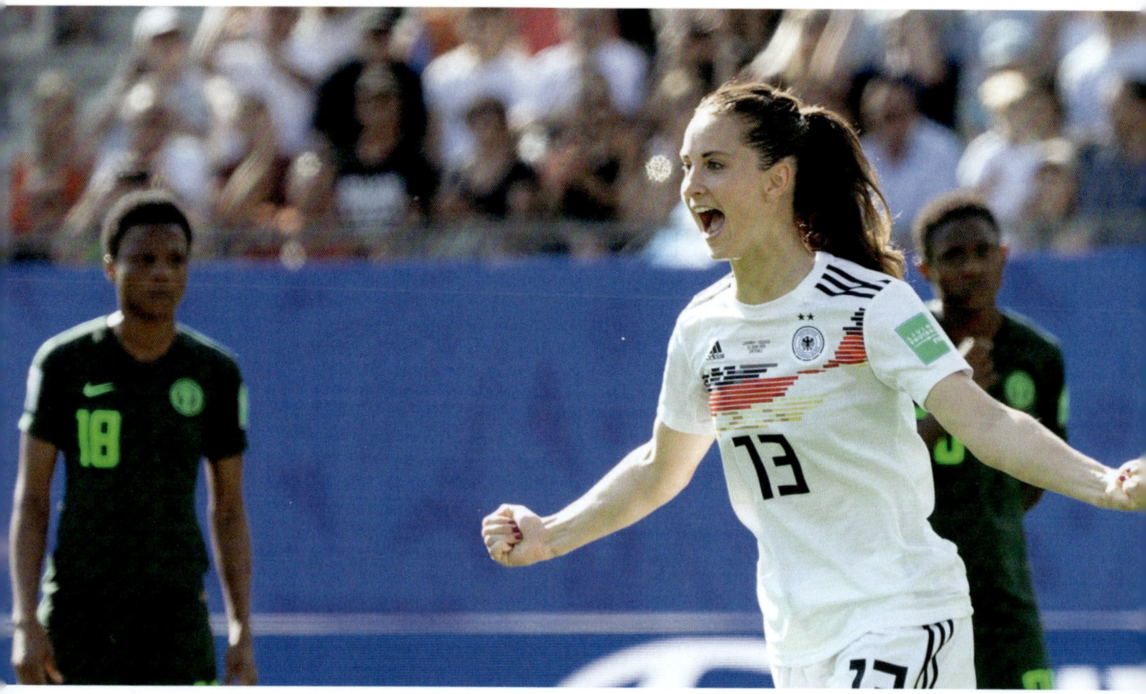

Wie erinnert man sich an positive Leistungen? Man geht gedanklich die letzten Tage und Wochen zurück und sucht dabei einen Wettkampf, bei welchem man an der Obergrenze der eigenen Leistungsfähigkeit agiert hat. Dabei ist es nicht so wichtig, ob man nun gesiegt hat. Es kann durchaus eine Niederlage sein, bei der man jedoch alle seine Stärken zeigen konnte.

Entscheidend ist, dass man eine klare Erinnerung an die Leistungssituation abrufen kann. Verbunden damit sind positive Emotionen, die man noch verstärken kann, indem man sich daran erinnert, wie zufrieden man mit sich selbst war und wie andere Menschen einem zu dieser Leistung gratuliert haben.

Auf der Audiodatei wird ausdrücklich dazu aufgefordert, sich an eine gute Leistung zu erinnern. Das klappt dann gut, wenn man sich ganz konkret den Ort vorstellt, an dem man war. Das Sportgelände oder die Halle. Die Gegnerinnen oder Gegner, deren Gesichter, deren Verhalten. Und vor allem einige ausgewählte Situationen, in denen es richtig gut lief, in denen man sein eigenes Können in vollem Umfang zeigen konnte.

Obwohl dieser Ansatz nachweislich die Motivation steigert, gibt es dennoch kuriose Erfahrungen damit. Beim Coaching einer Bundesligamannschaft, in der unter anderem auch ein Weltmeister mitwirkte, bat ich die Spieler darum, sich einen Wettkampf vorzustellen, in dem sie richtig gut waren, also an der Obergrenze ihrer Leistungsfähigkeit agiert hätten.

Zu meiner Überraschung gab es heftigen Widerspruch. Einige Spieler meinten, sie hätten noch nie wirklich gut gespielt. Es hätte immer auch Situationen innerhalb eines Matches gegeben, in denen sie einen Ball besser hätten treffen oder überlegter hätten platzieren können.

Das war kurz vor dem Zeitpunkt, als dieses Team die deutsche Meisterschaft errang. Ich hatte alle Mühe, deutlich zu machen, dass eine „gute" Leistung nicht mit einer absolut „perfekten" Leistung gleichzusetzen ist. Aber das war für diese Spitzenathleten schwer zu verstehen.

3.2 DIE EIGENEN STÄRKEN BETONEN

Weil sich der Glaube an die eigenen Fähigkeiten im Zentrum des Motivationsgeschehens befindet, ist es leistungsfördernd, ihn zusätzlich auf eine zweite Weise zu festigen. Dies geschieht dadurch, dass man sich ganz bewusst **die eigenen Stärken vor Augen** führt. Es ist selten, dass jemand in seiner Sportart in wirklich allen Aspekten herausragt. Normal ist es, dass man manche Dinge richtig gut kann und dass einem andere Bereiche weniger liegen.

Sich vor einem Wettkampf damit zu beschäftigen, worauf in erster Linie die bisherigen Erfolge zurückzuführen sind, hilft dabei, in kritischen Situationen auf diese Stärken zu vertrauen und sie gezielt einzusetzen. Das kann das Dosieren der eigenen Kräfte sein, das „Durchbeißen" beim Nachlassen der Kräfte, das „Lesen" der Intentionen der Gegnerinnen oder Gegner, das Ausschalten störender Einflüsse, eine oder zwei besonders erfolgreiche Techniken, das Wissen, sich steigern zu können usw.

In einem Mannschaftskampf traf ich als Abwehrspieler auf einen früheren Bundesligaspieler, der für seine exzellenten Angriffstechniken bekannt war. Offensichtlich hatte er mich unterschätzt und so lag ich deutlich vorne.

Plötzlich legte er mitten im Match den Schläger auf den Tisch und fing an, laut mit sich selbst zu reden: „Ich habe doch die Mittel, Mensch, ich habe doch die Mittel!" Diesen Satz wiederholte er mehrfach wie ein Mantra, wie eine magische Formel, während ich konsterniert herumstand.

Und nach dieser seltsamen Unterbrechung fing er an, technisch wie taktisch auf deutlich höherem Niveau zu agieren, sodass ich das Spiel am Ende nicht mehr gewinnen konnte.

WIE BENENNT MAN GANZ KONKRET DIE EIGENEN STÄRKEN?

In einem **ersten Schritt** muss man sich über die eigenen Vorzüge und Vorteile klar werden. Viele Athletinnen und Athleten wissen das sehr genau. Wer sich unsicher ist, der fragt am besten andere Personen, die sich in der entsprechenden Sportart gut auskennen. Wichtig ist, sich bei dieser Analyse nicht zu irren, denn sonst verstärkt man eine Eigenschaft oder eine Technik, die in Wahrheit die Leistung eher vermindert als verbessert.

In einem **zweiten Schritt** formuliert man die eigenen Stärken in knappe Selbstanweisungen um, mit denen man sich selbst motiviert. So machen manche Sportlerinnen und Sportler mit der sehr allgemeinen Formel: „Ich kann es!" oder: „Du kannst es!", dann gute Erfahrungen, wenn gleichzeitig vor ihrem inneren Auge das Bild einer oder mehrerer ihrer Stärken entsteht.

Man kann die Stärken aber auch spezifischer benennen, etwa in Sätzen wie: „Geduldig abwehren!", „Kräfte einteilen!", „Verlasse dich auf deine Technik!", „Nahkampf suchen!", „Gut bewegen!", „Ruhig abwarten!", „Genau beobachten!", „Nicht nachgeben!", „Alles mit der Vorhand!" usw.

3.3 ZIELE SETZEN

Motivation hat viel mit dem sogenannten *Anspruchsniveau* zu tun. Damit ist jene Leistungsebene gemeint, die man gerne erreichen möchte. Die eigene Motivation kann man stärken und zugleich Enttäuschungen minimieren, wenn man sich nicht als zentrales Ziel das Gewinnen setzt – denn das hängt nicht nur von der eigenen Leistung ab –, sondern wenn man sich Ziele setzt, die man **jenseits von Gewinnen bzw. Verlieren** durchaus erreichen kann.

Zum Beispiel kann man sich vornehmen, sich besonders flink zu bewegen, taktisch überlegt zu agieren, technisch sauber zu schwimmen, mutig zu attackieren, seine Kräfte klug einzuteilen, die Aktionen der Kontrahentinnen oder Kontrahenten aufmerksam zu beobachten, möglichst oft in den Nahkampf zu gehen, die eigenen Aufschläge systematisch zu variieren, geduldig auf seine Chance zu warten, auch bei hohem Rückstand bzw. bei hoher Führung nicht nachzulassen usw.

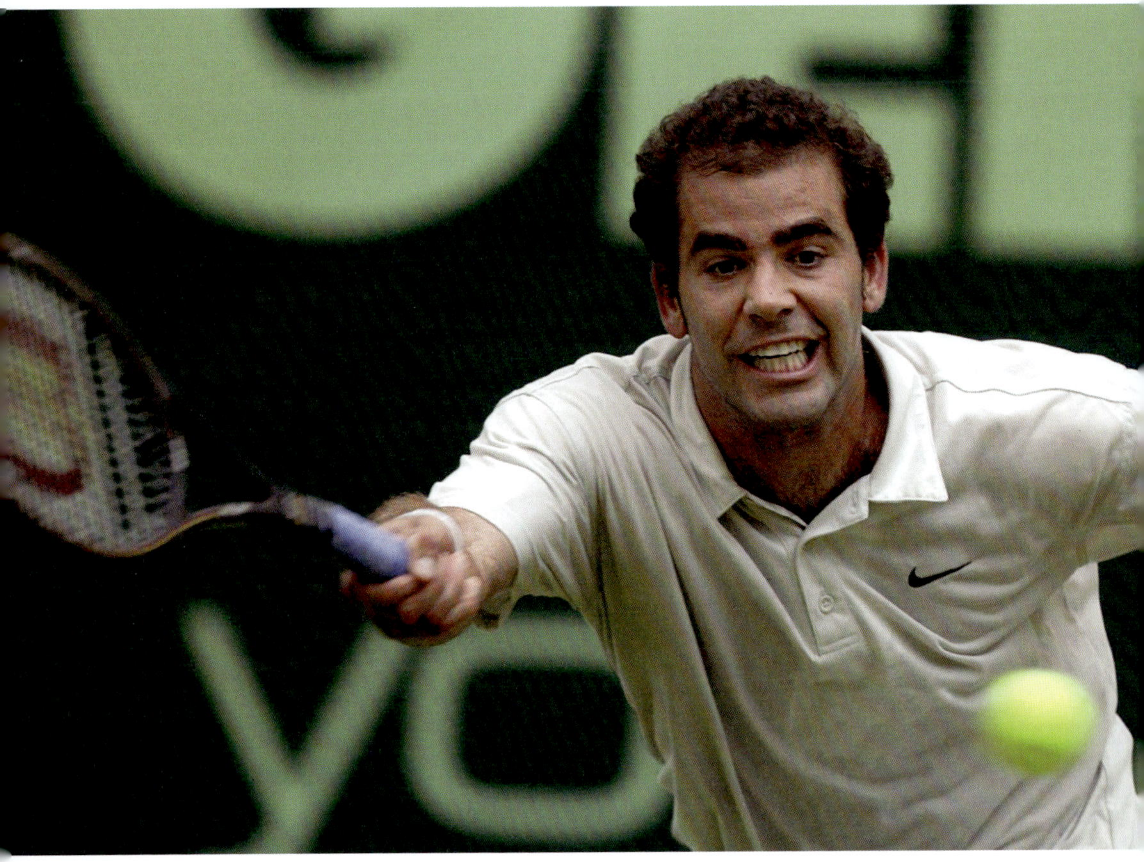

Weltklasse-Tennisspieler Pete Sampras wird folgender Satz zugeschrieben:

> **„ICH VERSUCHE NICHT, EIN TURNIER ZU GEWINNEN. ICH VERSUCHE AUCH NICHT, EINEN SATZ ODER EIN SPIEL ZU GEWINNEN. ICH WILL NUR DEN NÄCHSTEN PUNKT MACHEN."**

Damit macht er klar, dass es nicht sonderlich klug ist, seine Gedanken auf Sieg oder Niederlage zu lenken. Besser ist es, zu überlegen, was jetzt im Moment für ein gutes Abschneiden getan werden kann.

Das Gehirn soll sich mehr mit dem beschäftigen, was an ganz konkreten Aktionen erforderlich ist. Und weniger mit dem, was in naher oder ferner Zukunft geschehen wird. Denn die Kapazität dessen, was wir in wenigen Sekunden bearbeiten können, ist extrem gering. Und vom momentanen Agieren lenkt alles ab, was jetzt noch nicht beeinflusst werden kann. Nur auf diesem Wege hat man wirklich Erfolg!

Je nach der Spielstärke der Gegnerinnen und Gegner empfiehlt es sich, zur Stärkung der Motivation darauf passgenau abgestimmte Ziele zu setzen. Für etliche Athletinnen und Athleten sind besonders schwache Gegnerinnen und Gegner ein Problem. Warum? Es fällt ihnen schwer, sich gegen sie anzustrengen.

„Ein gutes Pferd springt nur so hoch, wie es muss", heißt es im Volksmund. Und so agieren manche Sportlerinnen und Sportler mit möglichst geringem Einsatz. Das kann zwei unangenehme Konsequenzen haben. Erstens kann es passieren, dass man die Kontrahentinnen oder Kontrahenten unterschätzt und in der Folge der sicher geglaubte Sieg in Gefahr gerät. Zweitens ist es unbefriedigend, an der Untergrenze der eigenen Leistungsfähigkeit zu agieren.

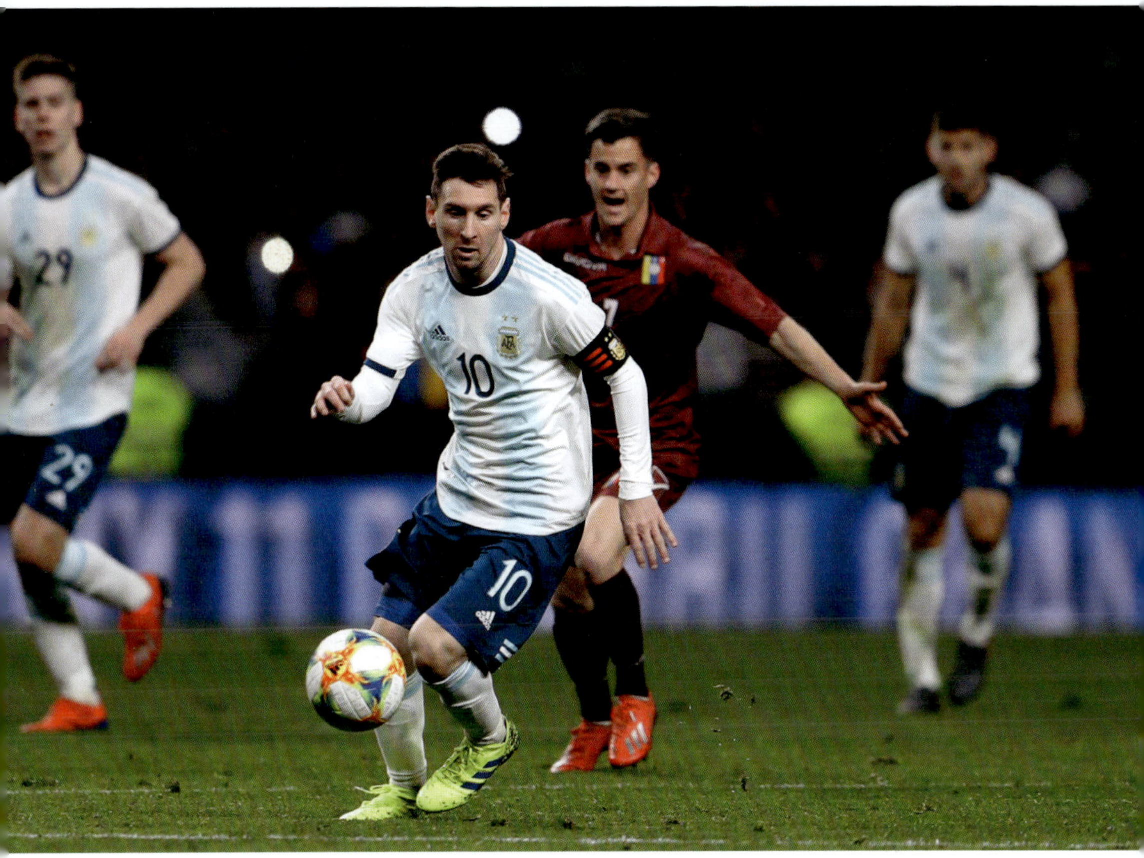

Deshalb macht es Sinn, sich gegen Schwächere einige Zusatzziele zu setzen, die über das schlichte Gewinnen hinausgehen.

Man kann sich vornehmen, die eine oder andere Technik verstärkt einzusetzen, eine besonders gute Zeit zu erzielen, speziell auf die Beinarbeit zu achten, die einzelnen Griffe zu variieren, mit der Kondition an die Grenze zu gehen usw. Auf diese Weise agiert man auf einem ansprechenden Leistungsniveau, hat Freude und gerät zugleich nicht in die Gefahr, zu verlieren.

Für einige Athletinnen und Athleten sind deutlich stärkere, uneinholbare, scheinbar unbesiegbare Gegnerinnen und Gegner ein Problem. Schaut man nur auf die Siegeschancen, dann ist es logisch, dass man resigniert. Besser ist es, sich auch hier ganz persönliche und zugleich handlungsbezogene Ziele zu setzen.

In Kampfsportarten könnte es das Ziel sein, es dem Gegenüber so schwer wie möglich zu machen, indem man zum Beispiel besonderen Wert auf die Deckung oder auf überraschende Gegenangriffe legt.

In Sportarten wie Tischtennis, Tennis oder Badminton könnte man versuchen, mit besonders betonter Beinarbeit trotz aller Unterlegenheit dennoch ab und zu die besten eigenen Schläge einzusetzen.

In Ausdauersportarten könnte man nur auf sich selbst achten, um mit besonderer Aufmerksamkeit die Balance zwischen Überforderung und Resignation zu wahren.

WIE MOTIVIERT MAN SICH ÜBER SELBST GESETZTE ZIELE?

Grundgedanke ist es, nicht „irgendwie" in einen Wettkampf zu gehen, nicht den Emotionen die Herrschaft zu überlassen und auch nicht nur auf das Ergebnis zu schauen. Die professionelle Steuerung des eigenen Handelns in allen wichtigen Wettkampfsituationen läuft über kurze, prägnante Befehle, die man sich in Form des „inneren Sprechens" selbst gibt.

Im ersten Schritt analysiert man die auf einen zukommende Wettkampfsituation. Im zweiten Schritt setzt man sich Ziele, die jenseits von Gewinnen und Verlieren liegen. Im dritten Schritt formt man diese, wie wir es von den Stoppcodes her kennen, in Anweisungen um, die man sich selbst unhörbar gibt.

Durch die **Selbstanweisungen** wird die Aufmerksamkeit auf jenen Aspekt des sportlichen Handelns gerichtet, der jetzt im Moment im Mittelpunkt stehen soll, zum Beispiel: „Beinarbeit!", „Deckung!", „Variieren!", „Gehe ans Limit!", „Nahkampf!", „MEIN Tempo halten!", „Trau dich!" usw.

Insgesamt haben sich **positive Formulierungen** bewährt, weil sie das Handeln in Gang setzen. Negative Formulierungen sind weniger günstig, weil sie lediglich dazu anleiten, etwas zu unterlassen und nicht in der erforderlichen Präzision ausdrücken, was aktiv zu tun ist.

Ich nehme mir vor, mich zur Stärkung meiner Motivation an einen Wettkampf zu erinnern, bei welchem ich an der Obergrenze meines Leistungsvermögens agiert habe: Ich stelle mir den Wettkampfort vor, einen oder mehrere meiner Kontrahenten, einige ausgewählte Situationen und ich lasse die positiven Gefühle im Anschluss an meine herausragende Leistung noch einmal in mir aufsteigen.

JA NEIN
○ ○

Ich motiviere mich vor dem Training oder vor einem Wettkampf, indem ich mir meine Stärken in einem Wort oder einem kurzen Satz sage – entweder ganz allgemein (z. B. „Du kannst es!") oder ganz speziell (z. B. „Technik!", „Mutig angreifen!" usw.).

JA NEIN
○ ○

Gegen deutlich Stärkere oder gegen deutlich Schwächere setze ich mir keine Ergebnisziele, sondern Handlungsziele in Form kurzer Selbstanweisungen, wie z. B.: „Besonders auf die Deckung achten!", „Technik sauber ausführen!", „Ans Limit gehen!", „Trau dich" usw.

JA NEIN
○ ○

4 DIE AUFMERKSAMKEIT GEZIELT STEUERN

Weil das „Fenster des Bewusstseins" einerseits kapazitätsmäßig eng begrenzt ist, andererseits jedoch viele Aufgaben zeitlich parallel zu bewältigen sind, „springt" die Aufmerksamkeit ständig hin und her. Und wenn sie sich dabei Aspekten widmet, die jetzt im Moment nicht wichtig sind – etwa dem Verhalten von Zuschauern, dem möglichen Endergebnis, dem Zweifel an den eigenen Fähigkeiten –, dann wirken wir „unkonzentriert", „abgelenkt", als wären wir „nicht bei der Sache".

Umgekehrt spricht man im Sport gerne vom „Tunnel". Damit ist gemeint, dass man im Flowzustand an nichts anderes denkt, als an das, was man zu tun hat. Und damit kommen wir zur zentralen Frage: Wie muss man die Aufmerksamkeit steuern, damit man den „Tunnelblick" bekommt, voll konzentriert „bei der Sache" ist?

Besonders bedeutsam ist die Lenkung der Aufmerksamkeit in Sportarten, in denen die Antizipation entscheidend ist. Hier geht es darum, im richtigen Augenblick jene Zonen genau zu beobachten, die besonders informationsreich sind.

Im Tennis ist dies zum Beispiel die Schulter, an deren Stellung man frühzeitig erkennen kann, wohin der Ball kommen wird.

Beim Aufschlag im Tischtennis ist es die Bewegung des Handgelenks unmittelbar bevor der Ball getroffen wird. Deshalb geben sich Tischtennisspieler Mühe, jeden Aufschlag gleich aussehen zu lassen mit Ausnahme des letzten Sekundenbruchteils, um das Gegenüber zu täuschen.

So verfährt auch ein listiger Elfmeterschütze, der bis zu dem Augenblick, an dem der Torhüter zwingend reagieren muss, seine Absicht zu verbergen versucht.

Folglich kommt es darauf an, im entscheidenden Moment seine Augen auf die informationsreichste Stelle zu richten und weder zu spekulieren noch die Aufmerksamkeit den eigenen Gefühlen, dem Gesicht des Trainers oder dem aktuellen Spielstand zu widmen.

Wenn es darum geht, die Antizipation zu verbessern, dann bietet es sich an, im Training mit einem kompetenten Gegenüber folgende **Übungsreihe** durchzugehen:

(A) Das Gegenüber **sagt jene Bewegung an**, die es gleich vollziehen wird, zum Beispiel wohin der Aufschlag im Tennis kommen wird, wie viel Unterschnitt der Ball im Tischtennis haben wird, welche Schlagkombination im Boxen folgen wird, welcher Griff im Ringen gewählt wird usw. Zugleich wird die zu antizipierende Bewegung überdeutlich vollzogen.

(B) Die zu antizipierende Bewegung wird **nicht mehr angesagt**, sondern nur noch überdeutlich vollzogen.

(C) Die Bewegung wird in der **„Normalausführung" vollzogen**, also weder angesagt noch überdeutlich ausgeführt.

(D) Das Gegenüber versucht im vierten Schritt, **möglichst gut zu verbergen**, welche Bewegung es ausführen wird, so wie es auch unter Wettkampfbedingungen der Fall ist.

Nach jeder Übung wird besprochen, wie gut es der trainierenden Person gelingt, die Aufmerksamkeit auf die entscheidenden Anhaltspunkte im Bewegungsablauf zu richten.

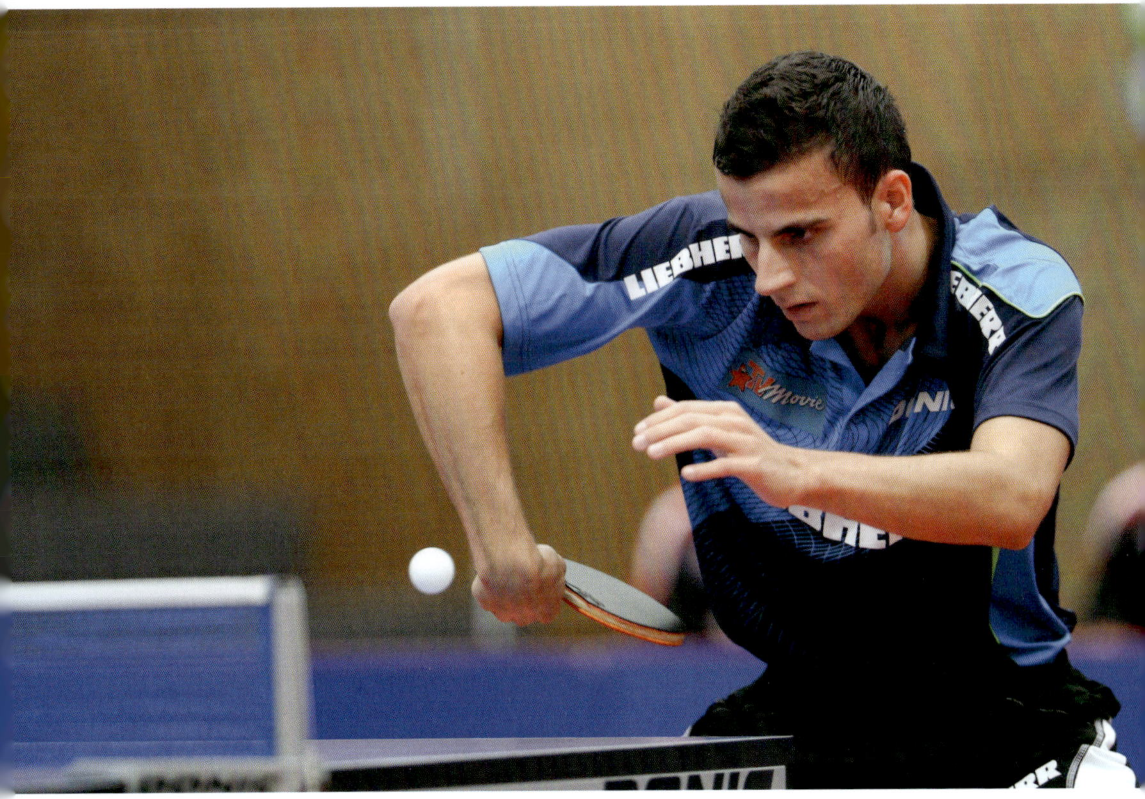

Memmert und Leiner (2020; [3]) bieten für die Sportart Tennis differenzierte Übungen zur Schulung der Antizipation an, bei denen unter anderem besonders informationsreiche Stellen am Körper mit Klebeband markiert werden, um die Wahrnehmung gezielt zu steuern.

In den „Tunnel" gelangt man jedoch nicht nur über das „Lesen" der Bewegungen der Gegnerin oder des Gegners, sondern vor allem dadurch, dass man die Aufmerksamkeit ganz bewusst lenkt. Voraussetzung dafür ist, zu erkennen, an welchen Punkten sich die Aufmerksamkeit „verselbstständigt" hat, also nicht dort ist, wo man sie eigentlich dringend benötigt. Diese „wunden Punkte" kann man entweder selbst finden oder man kann sie im Dialog mit dem Coach identifizieren.

Eine Tischtennisspielerin ist Opfer der TTR-Punkte, also jenes Klassifizierungssystems, bei dem man für Siege Pluspunkte und für Niederlagen Minuspunkte erhält, sodass man mit der Zeit ein brauchbares Maß für die eigene Spielstärke erhält.

Vor jedem Match geht sie ins Internet, googelt die TTR-Punkte ihrer Gegnerinnen und vergleicht sie mit der eigenen Punktezahl. Das wäre nicht weiter tragisch, wenn ihre Gedanken während des Matches nicht immer wieder zu den TTR-Punkten abdriften würden. Hat die Gegnerin deutlich weniger Punkte, so ist sie über jede erfolgreiche Aktion der Gegnerin erstaunt und macht sich Sorgen über den Abzug von TTR-Punkten, den sie selbst bei einer Niederlage hinnehmen müsste.

In der Folge agiert sie überhastet und produziert viele Fehler. Hat die Gegnerin dagegen deutlich mehr Punkte, so traut sie sich von vorneherein wenig zu. Sie spielt passiver als sonst, bewegt sich schlecht und verzichtet auf ihre gefährlichen Angriffsschläge.

Die erste große Aufgabe zur Regulation der Aufmerksamkeit besteht darin, das Zentrum der Konzentration **weg** von den TTR-Punkten und **weg** vom Spielstand zu lenken und **hin** auf das, was die Athletin zu tun hat. Es empfiehlt sich, dass sie **vor** jedem Match die Aufmerksamkeit auf ihre Emotionen richtet und mit Stoppcodes wie „ruhig" gegen ihre Furcht vor schlechtem Abschneiden und den damit verbundenen TTR-Punkteverlusten angeht.

Zu Beginn eines Matches sollte sie die Aufmerksamkeit auf die Beinarbeit lenken und dabei zum Beispiel „bewegen" als Selbstanweisung wählen. Hat die Gegnerin Aufschlag, so wäre es gut, alle Aufmerksamkeit der Antizipation zu widmen und sich mit dem Stoppcode „schauen" zu zwingen, an den Bewegungen abzulesen, welche Aufschlagvariante die Gegnerin wählt.

Hat sie selbst Aufschlag, so kann sie sich auf die technische Ausführung konzentrieren und versuchen, diesen so gefährlich wie möglich zu gestalten. Ihr erfolgreichster Schlag ist ein Vorhand-Topspin, den sie von der Rückhandseite aus anbringt. Dazu muss sie den Return der Gegnerin umlaufen, sich gut zum Ball stellen und den Angriffsschlag schulmäßig von unten bis oben voll durchziehen.

Die Stoppcodes „umlaufen" und „durchziehen" helfen ihr, diese schwierige Bewegungsfolge konzentriert auszuführen. Wenn sie dies alles berücksichtigt, dann bleibt ihr ganz gewiss keine Zeit, über TTR-Punkte bzw. über Erfolg oder Misserfolg zu grübeln. Sie hat die Chance, in den „Tunnel" zu kommen, wenn sie an nichts anderes denkt als an das, was jetzt im Moment zu tun ist.

Das Grundprinzip besteht also darin, das eigene Handeln in kleinen Schritten zu lenken. Das geschieht „sprachgesteuert" in Form von Stoppcodes bzw. kurzen Selbstanweisungen, die in der Zeit vor dem Match auszuarbeiten und im Training einzuüben sind. Es wird deutlich, dass man die eigenen „wunden Punkte", an denen die Konzentration verloren geht, gut kennen muss, damit man die Aufmerksamkeit ganz bewusst durch „inneres Sprechen" erfolgreich steuern kann.

Gelingt dies im Training wie im Match über einige Zeit, dann macht man eine interessante Entdeckung: Das Gehirn lernt es zunehmend, von ganz alleine die Konzentration auf die Ausführung der einzelnen Bewegungen zu lenken. Es bilden sich ganz automatisch **neue, stabile Aufmerksamkeitsmuster**, welche die bisherigen problematischen Abläufe ablösen. In anderen Worten: Die „wunden Punkte" verringern sich.

Ich nehme mir vor, alleine oder mit einer anderen Person zusammen herauszufinden, an welchen Punkten im Wettkampf ich unaufmerksam agiere, ich nicht bei der Sache bin, meine Gedanken abschweifen.

JA NEIN
○ ○

Ich nehme mir vor, alleine oder mit einer anderen Person zusammen kurze Selbstanweisungen oder Stoppcodes auszuarbeiten, die mir sagen, worauf ich mich konzentrieren sollte.

JA NEIN
○ ○

Ich nehme mir vor, im Training mit den Selbstanweisungen zu arbeiten, um sie zu einzuüben.

JA NEIN
○ ○

Ich nehme mir vor, mit einem kompetenten Gegenüber in vier Schritten meine Antizipation zu verbessern:

A) Bewegungen werden angesagt.

B) Bewegungen werden überdeutlich vollzogen.

C) Bewegungen in normaler Geschwindigkeit.

D) Der andere versucht, mich zu täuschen.

JA NEIN
○ ○

5 MIT VORSTELLUNGEN ARBEITEN

Alle Bewegungen sind – als Ergebnis konkreter, wiederholter, intensiv trainierter Ausführungen – im Gedächtnis gespeichert. Führt man einen komplizierten Bewegungsablauf aus, wie etwa die Schlagkombination „gyaku tsuki – kizami mae tobi geri" im Karate, eine amerikanische Wende im Ringen oder einen „Gegenläufer"-Aufschlag im Tischtennis, dann besitzt man eine **klare Vorstellung** davon. Bei der Ausführung orientiert man sich an diesem **„inneren Bild"**. Je präziser das innere Bild einer Bewegung ist, desto höher ist die Leistung.

Geht es auch umgekehrt? Ist es möglich, sich einen Bewegungsablauf vorzustellen, ohne sich zu bewegen, und vor allem:

- Steigert das die Leistung?
- Kann man mit Erfolg trainieren, ohne dass man sich dabei bewegt?

Mit dieser Frage beschäftigt sich die Sportpsychologie unter den Begriffen „mentales Training" bzw. **„Bewegungs-Vorstellungs-Training"** seit Jahrzehnten. Sie gelangt dabei zu einer übereinstimmenden und zugleich eindeutigen Antwort: Eine sportliche Handlung wird dann stabilisiert und zielgerichtet verbessert, wenn man sie gedanklich immer wieder durchspielt.

Der Grund: Im visuellen Arbeitsgedächtnis entsteht durch die gedankliche Wiederholung ein zunehmend leichter abrufbares, immer präziseres Vorstellungsbild. Man kann auch sagen, es entsteht eine **Schablone des Handelns**, also eine Vorlage oder ein Muster, an dem man sich orientiert [31]. Dadurch gelingt die konkrete Ausführung der Bewegung immer besser [2, 23].

Je komplizierter der feinmotorische Bewegungsablauf ist, desto effektiver ist es, mit einem „inneren Film" bzw. mit „Drehbüchern" [23] die entscheidenden Bewegungen zu optimieren. Forschungsergebnisse „stützen die Annahme, dass bei der mentalen Bewegungsausführung die gleichen Systeme beteiligt sind und somit die gleichen Programme ablaufen wie bei der praktischen Ausführung" [31].

Der Gedanke klingt verlockend. Im Sessel zu sitzen, im Bett zu liegen, auf dem Weg zum Wettkampf als Beifahrer im Fahrzeug zu dösen oder – wann immer man warten muss – die Zeit zum Trainieren zu nutzen und dadurch seine sportliche Leistung zu steigern! Wie geht man dabei vor?

1. Zunächst braucht man ein **klares äußeres Bild**. Das wird durch Modelle übermittelt. Dies kann durch ein YouTube®-Video, einen Lehrfilm des Sportverbandes oder eine besonders kompetente Person geschehen. In jedem Fall wird die Bewegung beispielhaft gezeigt. Durch vielfaches Vormachen, Zeitlupen und sprachliche Hinweise kann man sich zunehmend besser vorstellen, wie die Bewegung auszusehen hat.

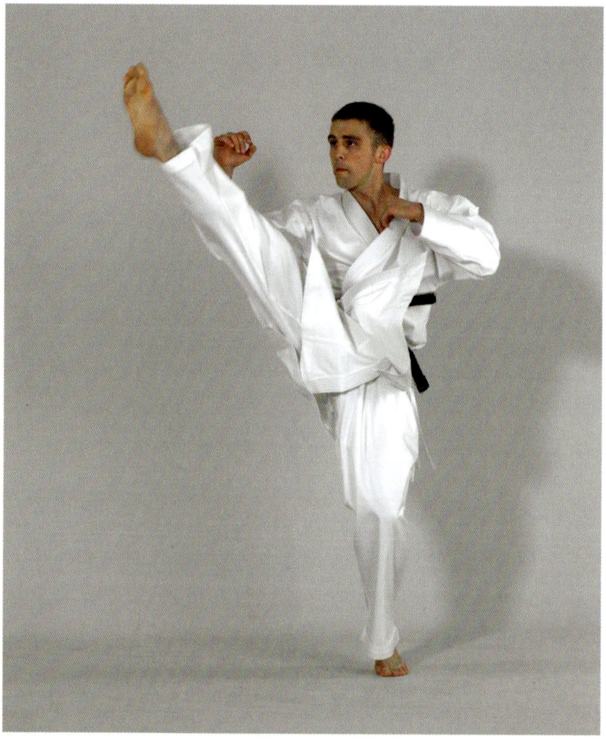

2. Im Training versucht man, die Bewegung so perfekt wie möglich auszuführen. Parallel speichert man das **„Drehbuch"** dieser Bewegung, also das innerliche Gegenstück der Aktion, in Form von Abläufen und Körperempfindungen. Hilfreich kann es sein, besonders schwierige Teile zu **versprachlichen**.

So erklärte mir beispielsweise eine Tischtennisspielerin der Weltklasse, sie würde bei der Rückhandabwehr versuchen, den Ball **„einzuwickeln"**, also eine Art Halbkreis um den Ball herum zu vollziehen, um dadurch einerseits die Wucht des Balls zu entschärfen und andererseits die langen Noppen ihres Belags in einen günstigen Abknickwinkel zu bringen. Das hat mir beim Optimieren dieses Schlags geholfen.

3. Hat man den Eindruck, es sei ein präzises Bild der komplizierten Handlung entstanden, dann kann man in ungestörter Umgebung damit beginnen, vor dem inneren Auge einen Film ablaufen zu lassen. Hilfreich ist es dabei, nicht die Originalgeschwindigkeit der Aktion zu wählen, denn diese ist in der Regel recht hoch, sondern eine **möglichst starke Verlangsamung**, wie sie in Zeitlupe oder Superzeitlupe zu sehen wäre.

Der Vorteil ist, dass alle Details der Bewegung Schritt für Schritt durchgegangen werden können. Stimmt alles, dann kann man den inneren Film schneller ablaufen lassen. Im Gehirn findet ein Prozess der Automatisierung durch Verdichtung statt, den man in der Fachsprache „Chunking" nennt.

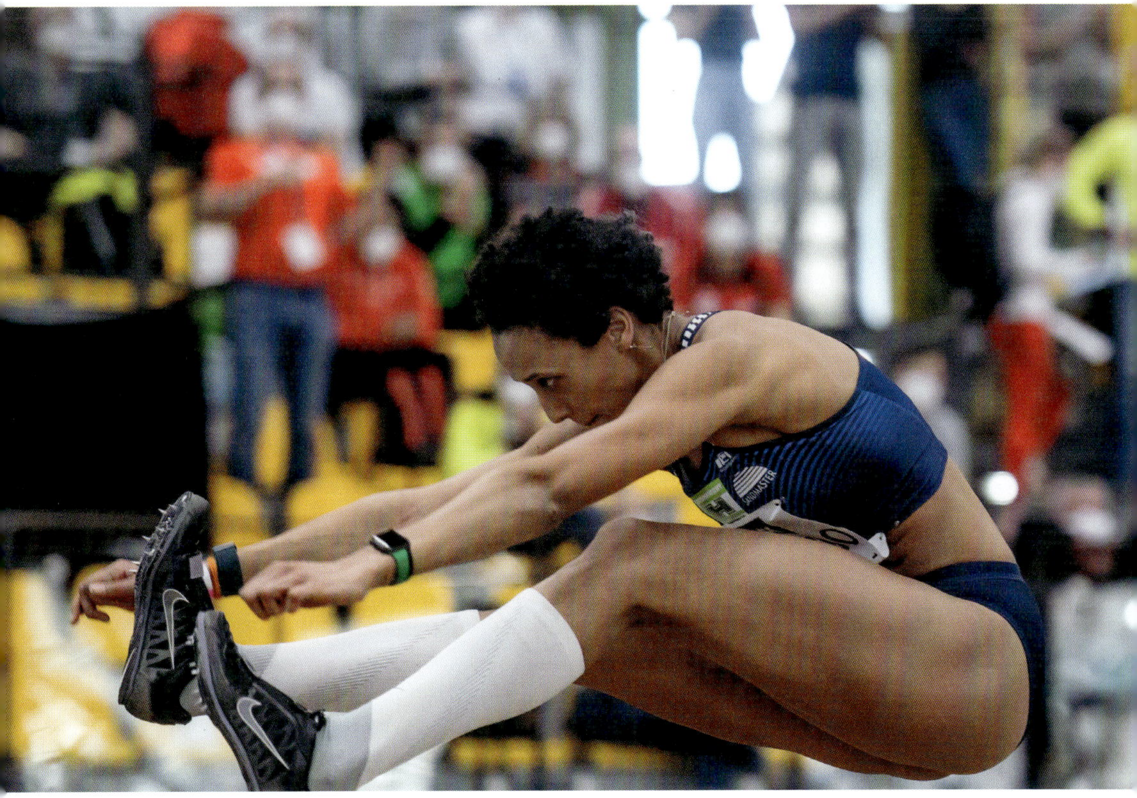

Darunter versteht man eine „Bündelung" der einzelnen Elemente zu einem „Klumpen", einem Chunk. Diesen wiederum kann man mit einem passenden Begriff bezeichnen, wie im Beispiel von „einwickeln" gezeigt. Viele einzelne Teilhandlungen werden zu einer durchgängigen Bewegung verknüpft.

4. Bei manchen Bewegungen ist es möglich, diese auch ohne Ball oder ohne Gegenüber zu vollziehen. Das ist das Prinzip der Luftgitarre, einer imaginären Gitarre. Es wird so getan, als hätte man das Instrument in der Hand und würde darauf spielen. Vergleichbar kann man **die angezielte Bewegung in der Luft oder vor dem Spiegel simulieren.** Das unterstützt die bildliche Vorstellung.

5. Bewegungsvorstellungen können zu verschiedenen Zeitpunkten die Leistung verbessern. In der **Vorbereitung** auf den Wettkampf kann man einige ausgewählte Techniken zeitlupenartig vor seinem inneren Auge ablaufen lassen. Das ist leicht, denn es besteht kein Zeitdruck.

In das **Aufwärmen** kann man schwierige Aktionen einbauen. Beispielsweise simuliert die Europameisterin im Ringen wenige Minuten vor dem Wettkampf mehrfach einen überraschenden Beinangriff, bei dem sie sich blitzartig aus dem Stand nach unten bewegt. Alternativ kann man sich die ausgesuchte Handlung auch bei geschlossenen Augen vorstellen, ganz ohne sich zu bewegen.

Schließlich kann man auch **mitten im Wettkampf**, wenn man bemerkt, dass man Probleme mit der technischen Ausführung einer Bewegung hat, den entsprechenden inneren Film ablaufen lassen. Das ist zum Beispiel möglich, wenn es bei der betreffenden Sportart Unterbrechungen oder Pausen gibt.

6. In der Wettkampfhektik vergisst man schnell, was man zur Leistungsoptimierung tun wollte. Deshalb ist es bedeutsam, das Arbeiten mit Bewegungsvorstellungen **in das alltägliche Training einzubauen**, damit es zu einem festen Bestandteil des sportlichen Agierens wird.

Damit man das weder im Training noch im Wettkampf vergisst, ist es wichtig, sich fest vorzunehmen, beim nächsten Training bzw. beim nächsten Wettkampf mit Visualisierungen komplizierter Techniken zu arbeiten.

Ich mache mir ein präzises Bild von einer Technik durch Anschauen einer Videoaufzeichnung oder durch Beobachten einer kompetenten Modellperson.

JA ○ NEIN ○

Ich trainiere diese Technik so lange, bis sie funktioniert. Ich achte darauf, was sich dabei innerlich in mir abspielt („Drehbuch").

JA ○ NEIN ○

Ich suche einen passenden Begriff, der das präzise ausdrückt, was ich bei dieser Technik besonders beachten muss.

JA ○ NEIN ○

Ich stelle mir die Technik in Zeitlupe vor.

JA ○ NEIN ○

Ich simuliere die Technik in der Luft oder vor dem Spiegel.

JA ○ NEIN ○

Ich lege Zeitpunkte fest, an denen ich mit Bewegungsvorstellungen arbeiten möchte:

In den Tagen vor dem Wettkampf

JA ○ NEIN ○

In der Aufwärmphase am Wettkampftag.

JA NEIN

○ ○

Mitten im Wettkampf bei Pausen oder Unterbrechungen.

JA NEIN

○ ○

6 UNTER HANDLUNGSDRUCK DIE RICHTIGEN ENTSCHEIDUNGEN TREFFEN

Ein wesentlicher Unterschied zwischen Training und Wettkampf besteht im Handlungs- oder Entscheidungsdruck. Im Training ist dieser geringer, weil nicht so viel davon abhängt und vor allem, weil man Aktionen wiederholen kann, wenn sie missglücken.

Im Wettkampf kann man dagegen schlecht sagen: Sorry, dass ich auf den Schultern liege, den Elfmeter verschossen habe, ich ausgerutscht bin oder mir eine schwierige Technik missglückt ist – machen wir es doch noch einmal von vorne! Es besteht im Wettkampf keine beliebige Wiederholbarkeit [23].

Deshalb trifft man im Wettkampf andere Entscheidungen, ist im Wettkampf stärker emotional beteiligt, verfolgt im Wettkampf andere Strategien. Denn dort hat das eigene Handeln mehr Konsequenzen als im Training.

- Wie kann man stark im Kopf werden?
- Wie kann man es erreichen, dass sich der Handlungsdruck in Wettkämpfen weniger stark auswirkt?

Die Antwort ist einfach: Man muss das Training anders gestalten. Man muss im Training Handlungs- und Zeitdruck aufbauen, Wettkampfbedingungen simulieren. Es handelt sich um ein „Training unter ansteigenden Stressbedingungen" [31]. Eberspächer bezeichnet diese besondere Form der Trainingsgestaltung als „Einmaligkeitstraining", denn es besteht keine beliebige Wiederholbarkeit [23].

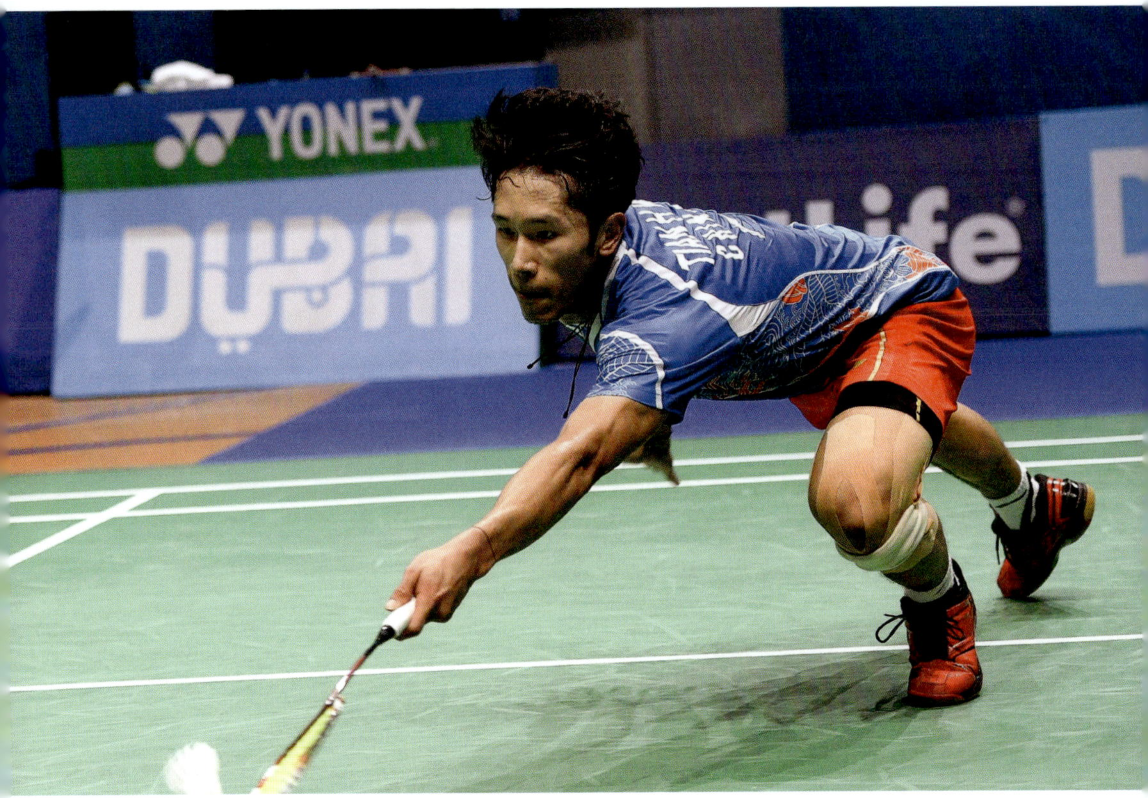

In Rückschlagsportarten wie Badminton, Tennis oder Tischtennis ist es verhältnismäßig leicht, Stressbedingungen zu schaffen. Man simuliert zum Beispiel im Tischtennistraining die Endphase eines Matches, also den Entscheidungssatz. Der Satz wird nicht in seiner ganzen Länge gespielt, sondern es werden Spielstände vorgegeben. Das kann etwa ein Spielstand von 10:9 sein. Der in Führung liegende Spieler hat Aufschlag.

Macht er den nächsten Punkt, hat er das gesamte Match gewonnen. Macht er ihn nicht, hat sein Gegner Aufschlag und damit die Chance, selbst in Führung zu gehen und beim darauf folgenden Ballwechsel das Match zu gewinnen. Das bedeutet: Es kommt wirklich auf jeden Ball an. Man kann sich keine unüberlegten Handlungen erlauben.

Der eigene Aufschlag muss gut gewählt, die einzelnen Ballwechsel müssen mit hoher Konzentration gespielt werden. Würde man im ersten von fünf bzw. sieben Sätzen beim Spielstand von 0:0 beginnen, könnte man sich etliche Fehler, Unachtsamkeiten und taktische Irrtümer erlauben. Bei der Simulation von Entscheidungssituationen ist das anders: Hier kommt es auf jede einzelne Aktion an.

In Fortführung des „Einmaligkeitstrainings" kann man in der entscheidenden Phase eine eigene hohe Führung vorgeben, die durchgebracht werden soll. Zum Beispiel eine 7:3-Führung im Entscheidungssatz. Gleichermaßen kann man einen 3:7-Rückstand simulieren, der in der Schlussphase aufzuholen ist.

In Sportarten wie Boxen, Ringen, Karate, Judo usw. kann man die letzte Minute in der letzten Runde einläuten und dabei eine knappe Führung, einen Gleichstand oder einen knappen Rückstand vorgeben.

Deutlich schwerer ist es in Sportarten, in denen es auf die Ausdauer ankommt. Eine Simulation der Endphase eines Wettkampfs ist hier weniger sinnvoll, weil die Athletinnen und Athleten das Wesentliche, nämlich die Dauerbelastung, nicht „spielen" können. Ersatzweise wäre es möglich, eine Führung zu verteidigen, einen Rückstand aufzuholen, einer unerwarteten Tempoverschärfung zu begegnen, plötzlich überholt zu werden usw.

Besonders sinnvoll ist es – **und so arbeite ich beim konkreten sportpsychologischen Coaching von Sportlerinnen und Sportlern –**, die weiter oben diskutierten Formen der Selbststeuerung in das Einmaligkeitstraining zu integrieren. Also vor den kritischen Entscheidungssituationen die aufsteigenden Emotionen zu regulieren, sich an positive Leistungen zu erinnern, die Aufmerksamkeit samt Antizipation bewusst zu steuern, sich in der Vorbereitung auf die Simulationen die erfolgreichsten eigenen Techniken vorzustellen und die Kontrolle über das eigene Handeln mit eingeübten Stoppcodes zu gewinnen.

Ich nehme mir vor, das Training in meiner Sportart dahin gehend abzuändern, dass mehr als bisher Entscheidungssituationen simuliert werden.

JA ○ *NEIN* ○

Ich nehme mir vor, in diesem „Einmaligkeitstraining" meine Emotionen, meine Aufmerksamkeit, meine Antizipation, meine Motivation und meine Techniken mit Stoppcodes bzw. mit „innerem Sprechen" zu steuern, damit ich es auch im echten Wettkampf vermag.

JA ○ *NEIN* ○

WORAN KANN MAN DEN ERFOLG DES EINMALIGKEITSTRAININGS ERKENNEN?

Wichtig ist es, zu überprüfen, wie gut es gelingt, die bewusste Selbststeuerung im Einmaligkeitstraining anzuwenden. Das kann mit gezielter **Beobachtung** geschehen.

Bei Tennis, Tischtennis oder Badminton könnte ein **Beobachter** (Coach, Trainer, Mannschaftskollege) zum Beispiel auf folgende Aspekte achten (in jeder Sportart sieht ein solcher **Beobachtungsbogen** natürlich anders aus):

Bereitet sich mit der Drei-Minuten- oder Ein-Minuten-Form auf die entscheidende Wettkampfphase vor.

JA NEIN
○ ○

Deutlich erkennbare Konzentrationsphase vor dem Aufschlag.

JA NEIN
○ ○

Dreht sich vom Gegenüber weg oder zeigt durch Handheben an, dass er noch nicht spielbereit ist.

JA NEIN
○ ○

Arbeitet erkennbar mit tiefer Bauchatmung und Stoppcodes.

JA NEIN
○ ○

Führt alle Techniken vollständig und flüssig aus.

JA NEIN
○ ○

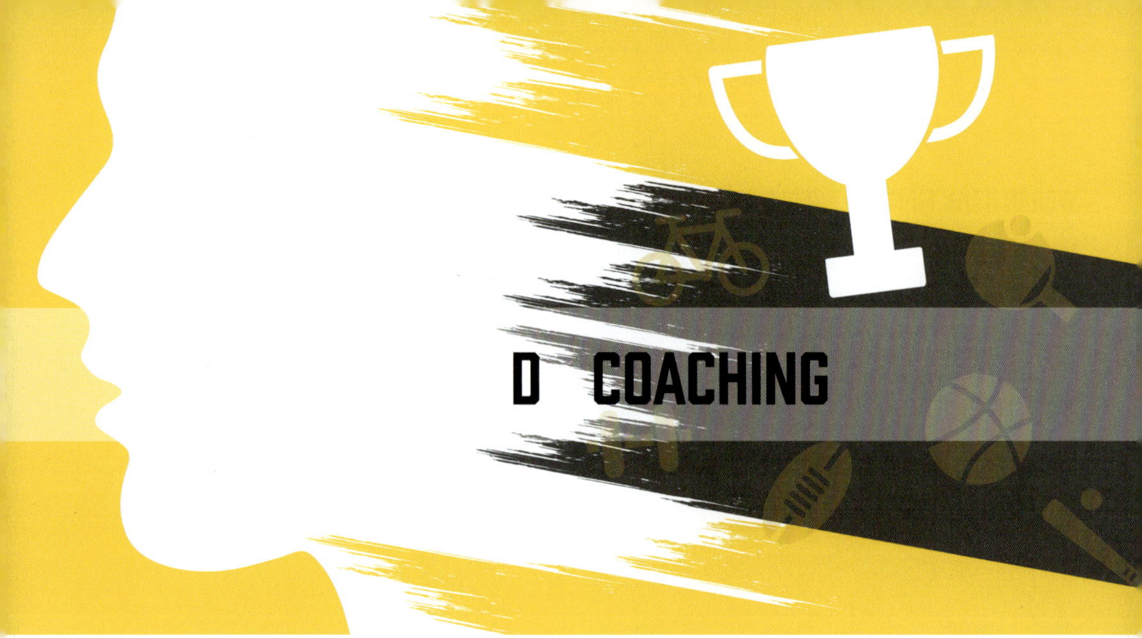

D COACHING

Im Sport ist man selten allein. Man trainiert mit anderen Personen zusammen, man wird unterstützt, beraten und betreut. Das können Mannschaftskollegen sein, Trainer oder auch Sportpsychologen.

Seit etwa 150 Jahren wird eine Person dann als „Coach" bezeichnet, wenn sie einer anderen Person Feedback gibt, sie berät oder trainiert. Im Sport soll Coaching dazu beitragen, die Leistung der Sportlerinnen und Sportler zu steigern. Das gelingt in vielen Fällen, in etlichen jedoch nicht.

Die Ursachen für **negative Auswirkungen von Coaching** sind gewiss vielfältig. Zuweilen sind sie jedoch in typischen Verhaltensweisen der Coaches zu finden, die nachfolgend als „Todsünden" charakterisiert werden.

1 FÜNF TODSÜNDEN

1.1 ERWARTUNGEN AN DAS ERGEBNIS KOMMUNIZIEREN

Die meisten Athletinnen und Athleten besitzen ein starkes Leistungsmotiv, sind ehrgeizig, möchten gewinnen. Deshalb ist es für sie in der Regel wertvoller, ein gutes Endergebnis zu erzielen, als eine ansprechende Leistung zu zeigen. Folglich besteht stets die Gefahr, dass zu viele Gedanken und zu viel Energie auf das Endergebnis und die damit verbundenen Selbstbewertungen und Fremdbewertungen gerichtet sind.

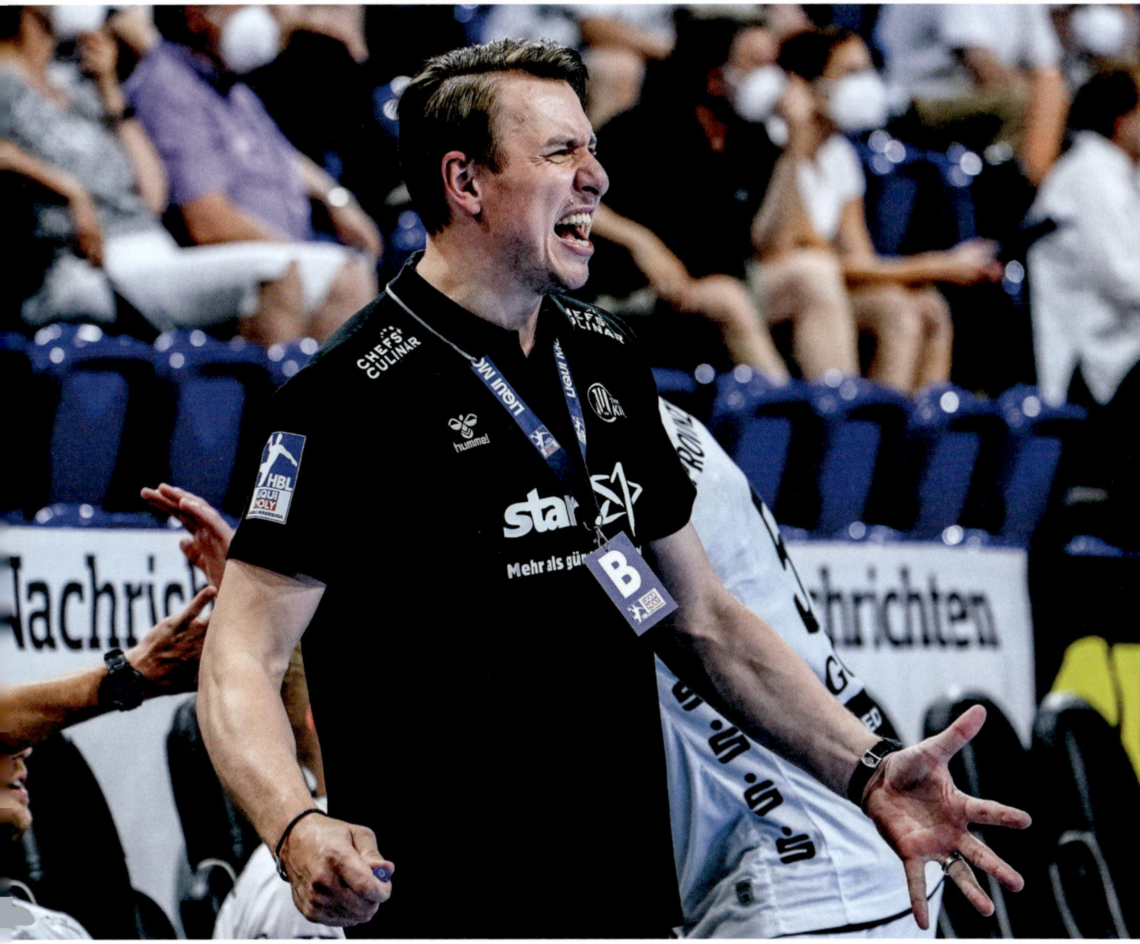

Damit fehlt Kapazität für Bewegungssteuerung, Antizipation, Emotionsregulation, strategisches Vorgehen sowie für das Treffen angemessener Entscheidungen unter Handlungs- und Zeitdruck.

Man kann als Coach diese verhängnisvolle Orientierung ungewollt **verstärken**, indem man **Erwartungen** an das Abschneiden kommuniziert. Häufig ist im Dialog zwischen Coach und Athleten zu hören: „Gegen die gewinnst du ganz sicher!" Oder: „Du bist ganz klar stärker als X!"

Das ist gut gemeint, weil der Coach damit das Selbstvertrauen verbessern will. Aber unbeabsichtigt werden die Sportlerinnen und Sportler in ein motivationales Dilemma gestürzt.

Gewinnen sie tatsächlich recht klar, dann löst dies wenig Freude bei ihnen aus, denn das ist ja der Normalfall. Sie haben ihre Pflicht getan. Mehr nicht. Verlieren sie jedoch, dann ist das erwartungswidrig. Sie bleiben unterhalb des vom Coach kommunizierten Anspruchsniveaus. Selbst ein knapper Sieg ist schon ehrenrührig. Eine klare Niederlage eine Katastrophe.

Es ergibt sich für die Athletinnen und Athleten eine **asymmetrische emotionale Bilanz:** Zu siegen, erzeugt kein besonderes Hochgefühl, zu verlieren, wird stark negativ erlebt. Unter dem Strich führt dies zu einer **ausgeprägten Furcht vor Misserfolg**, denn man wird in eine Situation gestürzt, die maximal einen neutralen, jedoch in der Regel **keinen positiven Ausgang haben kann**. Motivationstheoretisch betrachtet, ist dies eine sehr schlechte Ausgangsposition!

Beim Coachen sollte man unter keinen Umständen Erwartungen an das Ergebnis kommunizieren, weil das die ungünstige Orientierung der Sportlerinnen und Sportler hin zum Ergebnis und weg von der Handlungssteuerung verstärkt. Besser ist es, über Taktiken und Strategien zu sprechen, auf einzelne Stärken hinzuweisen, die Aufmerksamkeit auf das Antizipieren zu lenken, zur Emotionsregulation beizutragen, über den Einsatz von Stoppcodes zu sprechen, zur mentalen Vorstellung schwieriger Bewegungen aufzufordern usw.

Denn wenn die Athletinnen und Athleten ihr eigenes sportliches Handeln im Wettkampf professionell steuern, dann ist die Wahrscheinlichkeit für ein gutes Ergebnis höher, als wenn sie über ein gutes Ergebnis nachdenken und dadurch die Kontrolle des eigenen Agierens beeinträchtigen.

1.2 BEIM COACHING NEGATIVE EMOTIONEN SIGNALISIEREN

- Wie muss man sich als Coach verhalten, um die Leistungen der betreuten Sportlerinnen und Sportler möglichst negativ zu beeinflussen?

Der nachweislich beste Weg dazu ist das Signalisieren negativer Emotionen. Dazu gehört zum Beispiel das Kopfschütteln als Zeichen von Missbilligung der gerade gezeigten Aktionen, das Demonstrieren von Enttäuschung in Mimik und Gestik, das Verbalisieren von Unzufriedenheit, das deutliche Zeigen von Ärger, Zorn oder gar Wut.

Das untergräbt nicht nur die Motivation im Sinne einer Hoffnung auf Erfolg, sondern das führt auch dazu, dass sich die Athletinnen und Athleten während des Wettkampfs Gedanken

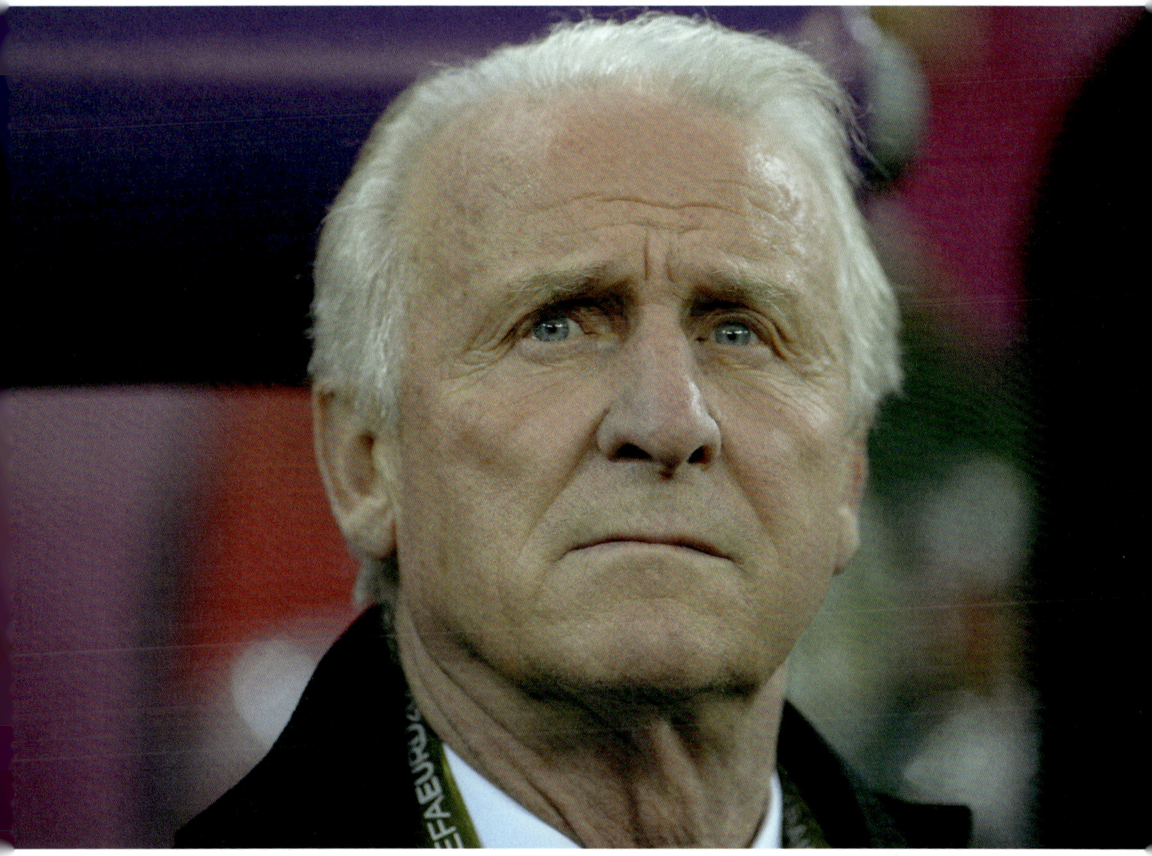

über das Seelenleben ihrer Coaches machen, was weitere Kapazität von der Handlungssteuerung abzieht. Mehr noch: Sie versuchen, in Mimik, Gestik und Körperhaltung der Coaches „zu lesen".

Dadurch springt die Aufmerksamkeit immer wieder weg von der eigentlichen Aufgabe und hin zur Bewertung der momentanen eigenen Leistung, was alles andere als förderlich ist.

In einem Champions-League-Spiel sitzt der Manager eines sehr erfolgreichen Vereins in der ersten Reihe auf Netzhöhe, sodass er die Spieler gut sehen kann – und diese ihn.

Beim Coaching einiger Spieler dieses Teams berichten mir diese, was sich dabei in ihnen abspielt. Mit einem Auge schauen sie auf den Ball, mit dem anderen Auge auf den Manager, den wichtigsten Mann im Verein. Die Spieler bitten mich, dafür zu sorgen, dass der Manager nicht länger an dieser exponierten Position sitzt.

Denn jener signalisiert als sehr emotionaler Mensch überdeutlich seine Empfindungen. Bei guten Aktionen steht er begeistert auf und klatscht, bei schwachen Aktionen schüttelt er den Kopf, zeigt Ärger und schimpft. Die Spieler teilen mir mit, sie wären dadurch extrem abgelenkt und es falle ihnen schwer, konzentriert zu agieren.

Bei einem europäischen Leistungsvergleich schneidet ein Athlet schlechter ab, als der Trainer dies erwartet. Danach spricht der total enttäuschte Trainer tagelang nicht mehr mit dem Sportler. Im Coaching gesteht mir der Athlet, dies habe sein Selbstvertrauen so stark zerstört, dass er die Hoffnung aufgegeben habe, jemals zu den 10 Besten der Welt zu gehören.

In der Box hinter einer Tischtennisspielerin sitzt ihr Trainer. Nach jedem Ballwechsel dreht sich die Spielerin **ängstlich** zu ihm um, damit sie in seinem Gesicht lesen kann, wie er die letzte Aktion bewertet. Es ist deutlich zu bemerken, wie ihre Leistung darunter leidet und wie ihre Unsicherheit steigt, wenn der Trainer kritisch schaut oder andere Zeichen der Unzufriedenheit sendet.

Beim Coachen sollte man möglichst keine negativen Emotionen signalisieren. Das ist schwierig, denn manchmal brodelt es in einem ganz schön. Und man hört ja zuweilen von Halbzeitdonnerwettern in Fußballkabinen, die sich anscheinend recht positiv auf die Leistung auswirken sollen.

Derartige Effekte konnte ich bei den von mir betreuten Sportlerinnen und Sportlern nicht beobachten. Bewährt hat es sich, aufmerksam zu schauen, gleichmäßig akzeptierend zu agieren, unterstützend zu nicken und im Ton ruhig und zugewandt zu beraten. Unter keinen Umständen sollte man sich enttäuscht abwenden und die Kommunikation verweigern.

In der Regel sind die Athleten bei schwachen Leistungen selbst von sich enttäuscht, hadern mit sich, beschimpfen sich unhörbar oder laut, ärgern sich und sind manchmal auch richtig wütend. Von außen noch gezeigt zu bekommen, dass auch der Coach enttäuscht, verärgert, unzufrieden oder gar zornig ist, steigert den Emotionskreislauf, lenkt die Aufmerksamkeit noch stärker als bisher vom Handeln weg zur Ergebnisbewertung und kann deshalb in der Regel keine Leistungsverbesserung bewirken.

1.3 ZU VIELE TIPPS GEBEN

Die Verarbeitungskapazität mitten in einer Leistungssituation wird dadurch ausgeschöpft, dass die Athletinnen und Athleten ständig die Aufmerksamkeit verlagern, mit beeinträchtigenden Impulsen wie Schmerzen oder Emotionen kämpfen, ihre Kräfte dosieren, ihre Strategien überwachen und ihre Bewegungen steuern.

Natürlich verläuft dieser komplizierte Handlungsprozess nicht immer zufriedenstellend, sodass der Coach Punkte entdeckt, an denen man ansetzen sollte, um die Leistung zu steigern. Meist sind es mehrere Bereiche, in denen eine Änderung dringend erforderlich wäre, um zum Erfolg zu kommen.

Deshalb neigen Coaches dazu, in Wettkampfpausen nicht nur einen einzigen Tipp zu geben, sondern zahlreiche.

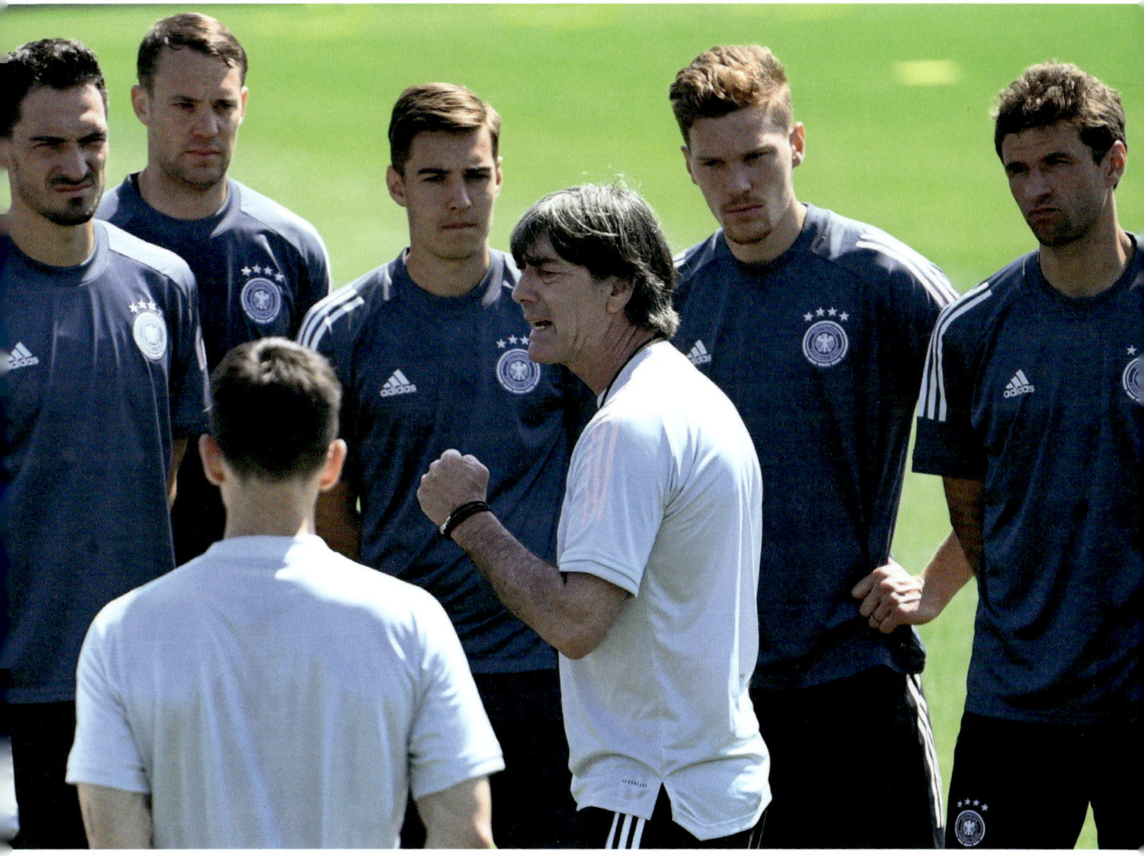

Was bedeutet das für die Sportlerinnen und Sportler? Sie sollen in ihrer komplexen, zum Teil hochautomatisierten Handlungssteuerung nicht nur eine Komponente verändern, sondern mehrere. Und das in einer Echtsituation unter realem Leistungsdruck.

Es ist schon eine bewundernswerte Leistung, sich mitten im Wettkampf an **einem** entscheidenden Punkt umzustellen. Es wird nur in den seltensten Fällen gelingen, mehrere Komponenten zu verändern. Denn eine Veränderung erfordert, die Aufmerksamkeit ganz bewusst auf den angesprochenen Aspekt zu lenken, die bisherigen Abläufe abzustoppen und an deren Stelle neue Abläufe zu installieren.

Greift man gleichzeitig an mehreren Punkten in das Handlungsgefüge ein, so ist die Gefahr hoch, dieses zu destabilisieren. Deshalb führt Coaching dann häufig zu einer Verschlechterung anstelle einer Verbesserung der Leistung, wenn viele Tipps gegeben werden (Memmert & Leiner, 2020 [3], S. 64).

In manchen Sportarten ist zu beobachten, dass in der vom Regelwerk erlaubten Beratungszeit, zum Beispiel 60 Sekunden, nicht nur der Coach auf die Athletinnen oder Athleten einredet, sondern dass auch noch Teamkollegen hinzukommen. Mehrere Personen erteilen gleichzeitig Ratschläge, sodass die Sportlerinnen oder Sportler oft gar nicht so genau wissen, wem sie zuhören sollen und welche Anregungen sie übernehmen könnten. Vor allem dann, wenn die Tipps in verschiedene Richtungen gehen oder sich gar widersprechen.

Als Coach ist es besser, sich während der Beobachtung zu fragen, von welcher einzelnen Veränderung am ehesten ein Leistungszuwachs zu erhoffen ist. Diesen **einen** Punkt sollte er nicht mit kritischer Miene, sondern ermutigend ansprechen. Besonders günstig ist es, die Anregung auf einen einfachen Satz oder wenige Worte zu verkürzen, damit die Athletinnen und Athleten die Chance erhalten, während des Agierens sich selbst den Tipp im Sinne einer Selbstanweisung oder eines Stoppcodes zu geben.

Schließlich ist es empfehlenswert, nicht während der gesamten Beratungspause auf die Sportlerinnen und Sportler einzureden, sondern jenen auch ein wenig Zeit zu lassen, sich mit dem Vorschlag auseinanderzusetzen und zu überlegen, wie jener in den gesamten Handlungsablauf integriert werden kann. Kurz gesagt, sollte erfolgreiches Coaching in dieser Hinsicht wie folgt beschaffen sein:

1. Möglichst nur eine einzige Anregung geben.
2. Ermutigend kommunizieren.
3. Der Tipp soll auf wenige Worte verkürzt werden können.
4. Zeit geben zur Auseinandersetzung mit dem Tipp.

1.4 DOMINIEREN STATT INTERAGIEREN

Es wäre ein absoluter Traum, wenn man als Coach oder Berater per Fernsteuerung in die Leistung der Sportlerinnen und Sportler eingreifen könnte. Damit wäre sichergestellt, dass jede Idee perfekt umgesetzt und damit der Erfolg garantiert wäre! Leider geht es nur indirekt.

Die Anregung wird gegeben. Doch mehr kann man nicht tun. Denn ob und wie der Tipp realisiert wird, das liegt ganz allein in den Händen der Athletinnen und Athleten, die ihr Handeln neu organisieren müssen. Aus dieser Perspektive ist Coaching lediglich eine Hilfsfunktion mit dienendem Charakter: Der Coach hat eine **Unterstützerrolle**. Hauptverantwortlich sind die Athletinnen und Athleten.

Dennoch neigen manche Berater, Coaches und Trainer dazu, diese Hierarchie auf den Kopf zu stellen. Sie erleben sich selbst als sehr bedeutsam, als wichtige Personen. Entsprechend legen sie viel Wert darauf, die eigenen Ideen, Anregungen oder Tipps machtvoll durchzusetzen.

Beobachtbare Merkmale sind dabei dominantes Auftreten, wenig Toleranz für Auffassungen und Meinungen der Sportlerinnen und Sportler, geringes Verständnis für deren Situation. Häufig auch der Hinweis auf frühere Leistungen des Coaches („ICH habe das immer so gemacht!"), das Heben der Stimme, das Zeigen von Ärger sowie das Beharren auf der Richtigkeit der eigenen Sichtweise.

In vielen Fällen führt dies zu einer Dominanz-Unterwerfungs-Konstellation, die besonders häufig zu beobachten ist, wenn ehrgeizige Eltern die eigenen Kinder coachen.

Vergleichbar problematisch ist es, wenn in einer Paarbeziehung die Frau den Mann oder der Mann die Frau coacht. Denn in solchen Beziehungen hat sich längst außerhalb des Sports ein Dominanz-Unterwerfungs-Schema herausgebildet.

Wird dies auf den Leistungssport übertragen, dann ist die Haut der beiden Personen leider oft sehr dünn. Emotionale Ausbrüche sind keine Seltenheit. Die Frustrationstoleranz ist gering, weil zum Teil auch häusliche Konflikte in den sportlichen Bereich hineinspielen.

Die Konsequenz ist gleichermaßen einfach wie schmerzlich für die coachenden Personen: bescheidene Zurückhaltung, anstatt strahlender Mittelpunkt zu sein. Besinnung auf die Unterstützerrolle. Die Entscheidungshoheit weise bei den Athletinnen und Athleten belassen und nicht verstimmt sein, wenn die eigenen genialen Hinweise nicht aufgenommen werden.

Da jeder Mensch nach Anerkennung strebt, ist es natürlich psychisch schwierig, sich auf diese Weise zurückzunehmen. Und damit tun sich Coaches mit einem starken Machtmotiv recht schwer, denn sie möchten bestimmen, Einfluss haben und vor allem wichtig sein.

1.5 STARRE STRATEGIEN VORGEBEN

Das Wettkampfgeschehen ist, je nach Sportart, unterschiedlich dynamisch. Entscheidend ist aber stets, dass die Akteure über die meisten und zugleich wertvollsten Informationen verfügen. Im Gegensatz zu ihren Beraterinnen und Beratern blicken sie auch „nach innen" und empfangen gleichermaßen Daten über Schmerzen, Hunger, Durst, Müdigkeit wie über Motivation, Durchhaltevermögen, Hoffnung, Furcht und Selbstvertrauen.

Umgekehrt sieht die coachende Person aufgrund ihrer Expertise von außen die eine oder andere Eingriffsmöglichkeit, welche die Sportlerinnen und Sportler wegen ihrer „blinden Flecke" möglicherweise nicht erkennen können. So verfügt keine der beiden Personen, weder Akteur noch Coach, über die vollständige Deutungshoheit des Geschehens. Keine der beiden Personen kann sich absolut sicher sein, welche Änderung den größten Erfolg bringen wird.

Dennoch erlebe ich es immer wieder, dass die beratenden Personen keine flexible Strategie vorschlagen, sondern einen ganz starren Weg vorgeben.

In einem Bundesligamatch ist kurz vor dem Ende der Spielstand bedrohlich knapp. Deshalb nimmt der Coach ein Time-out. Der von ihm betreute Athlet hat Aufschlag. Was macht der Coach? Er schreibt einen Aufschlag vor, erklärt dem Spieler, mit welchem Return er zu rechnen und welchen dritten Schlag er daraufhin anzusetzen hat, erläutert nun die Reaktion des Gegners sowie den schließlich auszuführenden Endschlag des eigenen Spielers.

Es kommt, wie es kommen muss. Der Gegner retourniert den Aufschlag anders als erwartet. Der gecoachte Spieler hat sich voll auf den ihm diktierten Schlag eingestellt, steht folglich falsch zum Ball, muss improvisieren und verliert kläglich den entscheidenden Ballwechsel.

Besser ist es, keine starren Empfehlungen abzugeben, sondern das Coaching so anzusetzen, dass Situationswahrnehmung und Handlungsauswahl des Akteurs um jene Bereiche **erweitert** werden, die man möglicherweise von außen besser erkennen kann. Die Hinweise sollten aber stets in das grundlegende Handlungsschema des Athleten eingepasst werden können: genau schauen – abwägen – entscheiden.

Es ist selten hilfreich, die flexible Situationsverarbeitung durch einen prophetisch unveränderbar festgelegten, starren Vorschlag zu ersetzen. Vor allem dann nicht, wenn die Todsünden 4 (Dominanz) und 5 (starre Vorgaben) simultan begangen werden, was zum Teil im bezahlten Leistungssport nicht gerade selten ist.

2 VIER HILFREICHE GRUNDHALTUNGEN BEIM COACHEN

2.1 DIE „WAS-MUSS-ICH-TUN-EBENE“ ANSTREBEN

Grundhaltung: Je stärker der Coaching**fokus** auf dem liegt, was die Sportlerinnen und Sportler **zu tun haben**, desto hilfreicher ist dies für deren aktuelle Handlungssteuerung. Die Aufmerksamkeit wird weggelenkt von Gedanken über das Endergebnis, von Selbstbewertungen der eigenen Leistungsfähigkeit, vom Verhalten der Zuschauer und hingelenkt auf die Organisation der Bewegungen, das Dosieren der Kräfte, auf Technik und Taktik.

Ich möchte beim Coachen keine Aussagen über das zu erwartende Ergebnis machen, sondern mich darauf beschränken, möglichst präzise Tipps für das zu geben, was die Athleten in den nächsten Phasen des Wettkampfs zu tun haben.

JA NEIN
○ ○

2.2 DEN GLAUBEN AN SICH SELBST STÄRKEN

Grundhaltung: Je eher es gelingt, die Coachingkommunikation akzeptierend und unterstützend zu gestalten, desto hilfreicher ist dies für die Motivation der Sportlerinnen und Sportler. Dazu gehören aufmunternde nonverbale Signale, abzulesen an Mimik, Gestik und Köperhaltung des Coaches genauso wie der Verzicht auf das Kommunizieren von Zweifeln, Kritik oder Ärger.

Im verbalen Bereich hat es sich bewährt, an bisherige positive Leistungen zu erinnern, auf ausgeprägte Stärken hinzuweisen und mit von außen zugerufenen Stoppcodes wie: „Du kannst es!", den von innen kommenden Glauben an sich selbst als wichtigste Motivationsquelle zu stärken.

Vermieden werden sollte eine „Double Bind"-Kommunikation. Damit ist gemeint, dass widersprüchliche Signale auf verschiedenen Ebenen gesendet werden. Beispielsweise kann sich der Coach bemühen, im verbalen Bereich die Sportlerinnen und Sportler zu stärken durch Aussagen wie: „Du schaffst es!", im nonverbalen Bereich zeigt jedoch sein Gesicht, dass er an deren Leistungsfähigkeit zweifelt.

Die psychologische Forschung weist nach, dass eine maximale Verunsicherung der Athletinnen und Athleten die Folge ist. Denn diese sind sich nicht sicher, welcher der beiden Botschaften sie glauben sollen.

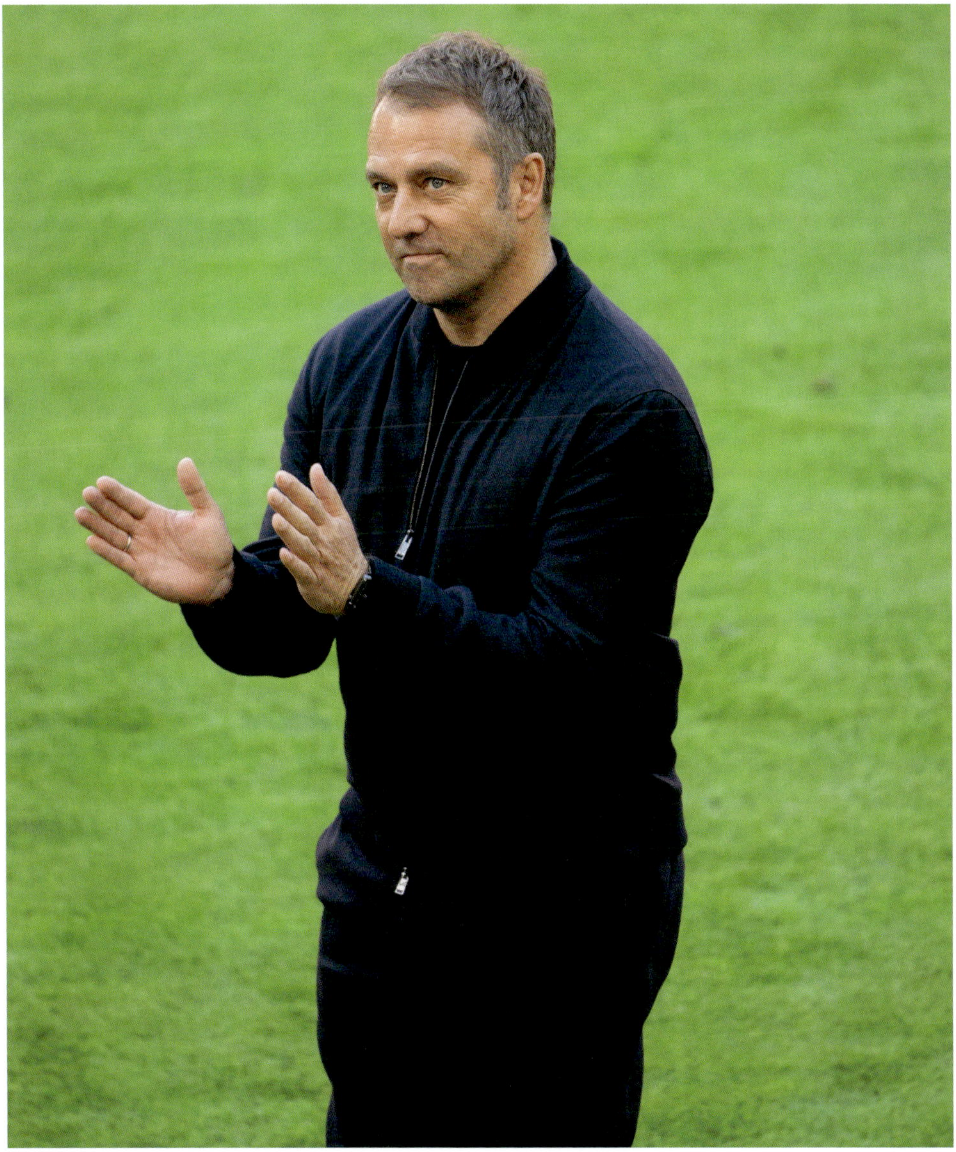

Ich möchte beim Coachen in Mimik, Gestik, Körperhaltung und Stimmführung grundsätzliche Akzeptanz signalisieren.

JA NEIN
○ ○

Ich möchte an bisherige positive Leistungen erinnern.

JA NEIN
○ ○

Ich möchte besondere Stärken ansprechen.

JA NEIN
○ ○

Ich möchte in Form von Stoppcodes das Selbstvertrauen mit Sätzen wie: „Du kannst es!", „Du hast die Fähigkeiten!" usw. stärken.

JA NEIN
○ ○

Ich möchte beim Coachen aufmerksam darauf achten, ob sich meine verbalen Aussagen und meine nonverbalen Signale decken und damit vermeiden, dass sie sich im Sinne von „Double Bind" widersprechen.

JA NEIN
○ ○

2.3 WENIGE TIPPS GEBEN

Grundhaltung: Je eher es gelingt, die Anzahl der Tipps, Anregungen oder Ratschläge auf ganz wenige zu reduzieren, desto hilfreicher ist dies für die Handlungssteuerung der Athletinnen oder Athleten. Als Coach sollte man hierbei in drei Schritten vorgehen.

ERSTER SCHRITT

Von außen zu erkennen versuchen, welcher Hinweis jetzt im Moment der wichtigste ist. Auswählen unter verschiedenen Möglichkeiten. Sich abschließend auf einen einzigen Tipp festlegen.

ZWEITER SCHRITT

Überlegen, wie der Hinweis so kommuniziert werden kann, dass er

1. leicht zu verstehen ist und
2. den Glauben an die Leistungsfähigkeit der Athletinnen und Athleten unterstützt.

DRITTER SCHRITT

Im Coachinggespräch den gewählten Hinweis akzeptierend verbalisieren.

Ich möchte beim Coachen möglichst wenige Tipps geben, im Idealfall nur einen einzigen.

JA ○ *NEIN* ○

2.4 ALS „UNTERSTÜTZER" FUNGIEREN

Grundhaltung: Je eher es gelingt, beim Coachen eine **dienende** statt einer beherrschenden Rolle einzunehmen, desto hilfreicher ist dies für den Coachingprozess. Für die Umsetzung der Anregungen sind die Sportlerinnen und Sportler zuständig. Erfolg oder Misserfolg werden in erster Linie ihnen zugeschrieben.

Das schließt keineswegs aus, dass man die eigene Expertise in den Dialog einbringt und sachlich die gegebenen Hinweise begründet. Denn das ist ja der wesentliche Vorteil in der Rolle als Coach, dass man durch die ruhige, beobachtende Außensicht die durch den Handlungsdruck beeinträchtigte Perspektive der Athletinnen und Athleten erweitert. Doch daraus sollte kein Machtkampf über die Frage entbrennen, wer denn nun recht hat oder wer es besser weiß.

Der Coach sollte sein Bedürfnis sorgsam überwachen, die eigene Meinung durchzusetzen bzw. zu bestimmen, was die andere Person zu tun hat.

Hinterher ist es sinnvoll, unter der Fragestellung: „Was hat dir geholfen?", in einen Reflexionsprozess einzutreten. Beratungsprozesse können gelingen und misslingen. Man kann nie wissen, was sich während der Beratung ganz genau im Gegenüber abspielt. Um weiterhin hilfreich beraten zu können, muss man einen Einblick in die sonst verborgene Innenwelt der Sportler und Sportlerinnen bekommen. Von der Offenheit der Antworten hängt es ab, ob es möglich ist, das eigene Coachingverhalten zu optimieren.

Ich möchte beim Coachen versuchen, meine Vorschläge zwar begründet vorzutragen, sie aber nicht gegen die Meinung der Athleten und Athletinnen durchzusetzen („Unterstützerrolle").

JA *NEIN*

○ ○

Ich möchte nach dem Wettkampf mit den Athletinnen und Athleten in ein Reflexionsgespräch über das Coaching eintreten mit Fragen wie:

- „Was hat dir geholfen?",
- „Was hat dich durcheinandergebracht?"

JA *NEIN*

○ ○

3 KURZER LEITFADEN FÜR SPORTPSYCHOLOGISCHES COACHING

3.1 DIAGNOSE IM INFORMATIONSDREIECK

Mit jenen Athletinnen und Athleten, die sich freiwillig und zugleich mit Interesse für ein sportpsychologisches Coaching entscheiden, ist zuerst eine gründliche Diagnosephase zu durchlaufen. Als **Ausgangspunkt** kann man entweder die 10 Fragen der allgemeinen Selbstanalyse „Wie stark bin ich im Kopf?" wählen oder einen der **spezifischeren Fragenkataloge** zu emotionalen Reaktionen (sechs Fragen), Motivationsmustern (sechs Fragen) oder Konzentrationsproblemen (sechs Fragen).

In der Regel wird es jedoch so sein, dass die Sportlerinnen und Sportler selbst recht gut wissen, in welchen Situationen sie gerne psychisch anders reagieren würden, um ihre Leistungen zu steigern. Aus solchen Einsichten heraus speist sich die Änderungsmotivation, die für die Teilnahme an einem sportpsychologischen Coaching wichtig ist.

In diesen Fällen beginnt man natürlich nicht mit Testfragen, sondern wählt **Erfahrungsberichte** zu Wettkämpfen bzw. zu kritischen Wettkampfsituationen.

DIE INNENSICHTPERSPEKTIVE

Die Athletinnen und Athleten werden gebeten, möglichst präzise zu beschreiben, was in ihnen an Gedanken, Gefühlen und Automatismen abläuft, wenn Wettkämpfe in entscheidende Phasen gehen. Hilfreich ist es, wenn von ganz konkreten Erlebnissen berichtet wird, vor allem dann, wenn diese noch gut in Erinnerung sind.

Der Coach hört anteilnehmend zu und animiert durch „therapeutisches Grunzen" („ja", „aha", „mmh") zu einer offenen und differenzierten Schilderung. Abschließend werden die Sportlerinnen und Sportler gebeten, ihre Änderungswünsche zu umreißen, damit die Richtung des sportpsychologischen Coachings deutlich erkennbar wird.

ERSTE AUSSENSICHTPERSPEKTIVE

Der Coach holt Informationen von Personen ein, welche das Verhalten der Sportler in Wettkämpfen gut kennen (Teamkollegen, Trainer, Betreuer usw.). Er fragt nach, in welchen Situationen mental stark reagiert wurde und in welchen Situationen Leistungseinbußen dadurch entstanden sind, dass die Athleten dem Handlungsdruck nicht gewachsen waren.

ZWEITE AUSSENSICHTPERSPEKTIVE

Die beratende oder coachende Person sollte in einer oder mehreren Leistungssituationen selbst anwesend sein, um das Verhalten der Sportlerinnen und Sportler zu beobachten. Das ist wichtig, denn eine „Perspektive" ist lediglich ein Winkel, aus dem man ein Geschehen betrachtet. Und von jeder Position aus (von innen, von außen durch andere Personen, von außen durch eigene Beobachtung) gewinnt man unterschiedliche Eindrücke. In manchen Punkten decken sich diese, in anderen widersprechen sie sich.

Das auf diese Weise entstehende **Gesamtbild** wird abgerundet, indem man so zeitnah wie möglich nach dem aktuellen Ereignis die Athletinnen und Athleten bittet, genau zu schildern, was im gerade beendeten Wettkampf in ihnen abgelaufen ist. **Sekunden oder Minuten nach der Leistungssituation sind die Eindrücke frisch** und können deshalb differenziert geschildert werden.

3.2 FESTLEGEN DES ARBEITSSCHWERPUNKTS

Im Dialog zwischen Coach und Akteur wird überlegt, an welchen psychischen Komponenten angesetzt werden soll.

- Sind es die Emotionen, die in manchen Situationen zu einem Verlust der Kontrolle verleiten?
- Sind es Motivationsprobleme, die sich in Selbstüberschätzung oder Resignation zeigen?
- Sind es Konzentrationsschwächen in wichtigen Wettkampfphasen?
- Sind es Mängel in der Antizipation, die zu verzögerten Reaktionen führen?
- Am Ende wird **gemeinsam** festgelegt, mit welchem Bereich begonnen werden soll.

3.3 BEISPIELE FÜR ARBEITSSCHWERPUNKTE

Je nach in der Diagnosephase gewähltem Arbeitsschwerpunkt gestaltet sich sportpsychologisches Coaching unterschiedlich. Dazu einige Anregungen.

DAS ERREGUNGSNIVEAU VERRINGERN

Zahlenmäßig mit am häufigsten lassen sich Leistungseinbußen in Wettkämpfen durch einen Erregungsüberschuss erklären. Da die obere Leistungsgrenze nur bei niedriger emotionaler Aktivierung erreicht werden kann, sind schon ab mittelstarker Erregung allenfalls durchschnittliche und ab hoher Erregung deutlich abfallende Leistungen zu erwarten.

Die Folgen starker Aufgeregtheit sind in zwei Bereichen zu finden. Einmal in der angstbasierten Hemmung von Bewegungen bis hin zu übervorsichtigem Handeln. Zum anderen in zu risikoreichem, wenig kontrolliertem, eher aggressionsbasiertem Agieren. Ziel ist es in beiden Fällen, flüssige Bewegungen zu ermöglichen und zugleich das Handeln überlegt zu steuern.

Zuerst wird gemeinsam ein sprachlicher innerer Befehl bzw. eine Selbstanweisung gesucht, die wir als „Stoppcode" bezeichnen. Dies soll der künftige **Auslöser** sein für eine Verringerung des Erregungsniveaus.

Am besten hat sich hier „ruhig" als Versprachlichung bewährt. Möglich sind natürlich auch andere Formulierungen wie etwa „langsam", „locker", „relax" usw. Sinnvoll ist es, den Stoppcode in der Muttersprache zu wählen, weil das die größten Wirkungen verspricht.

Zweitens wird wiederholt mit der Audiodatei in der Langform (Dauer etwa 10 Minuten) **trainiert**, bis die Athletinnen und Athleten das Gefühl haben, verlässlich durch den gewählten Stoppcode in einen Zustand der Entspannung zu gelangen. Geübte Coaches können auf den Tonträger verzichten und die Instruktionen selbst sprechen. **Deshalb ist der vollständige Text der Audiodatei im Anhang wiedergegeben.**

Die Zeit für die Regulation der Aufgeregtheit wird systematisch verkürzt auf drei Minuten, eine Minute und letztendlich auf wenige Sekunden. Ist es den Sportlerinnen und Sportlern gelungen, auf den trainierten Stoppcode hin sekundenschnell ruhiger zu werden, dann kann man in der Trainings- und Wettkampfpraxis damit arbeiten.

Zunächst versuchen die Athletinnen und Athleten, ihre Erregung im Training zu regulieren. Das ist leichter als im Wettkampf, weil sowohl Wiederholbarkeit besteht als auch weniger positive wie negative Konsequenzen drohen.

Zu Beginn des Trainings wird die Drei-Minuten-Form im Stehen in die Aufwärmphase integriert. Dabei stellen sich die Sportler zum Beispiel mit dem Gesicht zur Wand, legen den Kopf auf den Unterarm und schließen die Augen. Der Coach oder die Athleten geben die Entspannungsinstruktion.

Während des üblichen Trainings, vor allem jedoch bei der **Simulation** von **Entscheidungssituationen** in Form des „Einmaligkeitstrainings", regulieren die Sportlerinnen und Sportler ihre Erregung durch inneres Sprechen mit dem gewählten Stoppcode.

Entscheidend bei Wettkämpfen ist, dass die Regulation des Erregungsniveaus nicht nur während kritischer Situationen erfolgt, sondern konsequent angebahnt wird. In den **Tagen vor dem Wettkampf** wird mit der 10-Minuten-Form gearbeitet. Besonders wichtig ist dabei, wie durch die Audiodatei angeregt, sich die Wettkampfsituation möglichst anschaulich vorzustellen und die dabei aufsteigenden Emotionen zu regulieren. Dadurch werden die Athletinnen und Athleten immer weniger empfänglich für die auslösenden Reize.

Der Fachbegriff lautet „systematische Desensibilisierung", das bedeutet, schrittweise weniger sensibel zu werden für Leistungsdruck. Alltagssprachlich ausgedrückt: Sie bekommen ein immer „dickeres Fell".

Am Wettkampftag wird die Drei-Minuten-Form in das Aufwärmen integriert. Kurz vor Beginn wird mit der Ein-Minuten-Form gearbeitet. Während des Wettkampfs wie auch bei Wettkampfunterbrechungen mit der Sekundenform. Schließlich kann der Stoppcode auch von außen dadurch präsentiert werden, dass der Coach diesen bei kurzen Unterbrechungen spricht oder – wenn die Regeln der Sportart dies erlauben – auch mitten in der Aktion zuruft.

DEN GLAUBEN AN SICH SELBST STÄRKEN

Im Zentrum des Motivationsgeschehens steht der Glaube an das eigene Leistungsvermögen. Wenn sich in der Diagnosephase zeigt, dass aufgrund bisheriger Leistungsprobleme das Selbstvertrauen gering ist, dann kann man mit einem Bündel von Maßnahmen die Hoffnung auf Erfolg stärken.

Erstens kann man die Athletinnen und Athleten bitten, sich an zurückliegende **Erfolge** zu erinnern. Eines oder mehrere dieser Ereignisse sollen sie auswählen und so genau wie möglich schildern. Dazu gehört, auch jene Gefühle zu beschreiben, die in ihnen aufstiegen, als die positive Leistung jeweils erbracht war und andere Personen ihnen gratuliert haben.

Zweitens kann man über die **Stärken** sprechen. Dazu sind drei Perspektiven hilfreich. Die Sportlerinnen und Sportler benennen selbst ihre Stärken (Innensicht). Der Coach erläutert, was andere Personen über die Stärken sagen (erste Außensicht) und wo er selbst die Stärken sieht (zweite Außensicht).

Drittens kann man eine Selbstanweisung bzw. einen **Stoppcode** ausarbeiten, den sich die Athletinnen und Athleten in kritischen Wettkampfsituationen unhörbar sagen sollen, um den Glauben an die eigene Leistungsfähigkeit zu stärken. „Ich kann es" bzw. „Du kannst es", ist eine allgemeine und zugleich hochwirksame Selbstinstruktion.

„Ich schaffe das", zielt auf das Durchhaltevermögen als besonderer Stärke. „Ich bin schnell", hat Beweglichkeit und Schnelligkeit im Fokus. „Ich bin ich", verweist auf die spezielle Fähigkeit, auch unter widrigen Bedingungen beharrlich den eingeschlagenen Weg fortzusetzen usw.

Wegen der recht unterschiedlichen sportartspezifischen Stärken ist es nicht immer einfach, im Dialog zwischen Coach und Athleten eine passende Formulierung zu finden.

Viertens kann man die Motivation mit Zielsetzungen gegen besonders schwache wie besonders starke Gegnerinnen und Gegner stärken. Die Zielsetzungen sollten sich nicht auf das Ergebnis beziehen im Sinne einer zu erzielenden Zeit, Punktzahl, Weite usw., sondern stets auf das, was zu tun ist und was die Sportlerinnen und Sportler beeinflussen können (Betonung auf Technik, Ausdauer, Beweglichkeit, Einteilung der Kräfte, Strategie usw.).

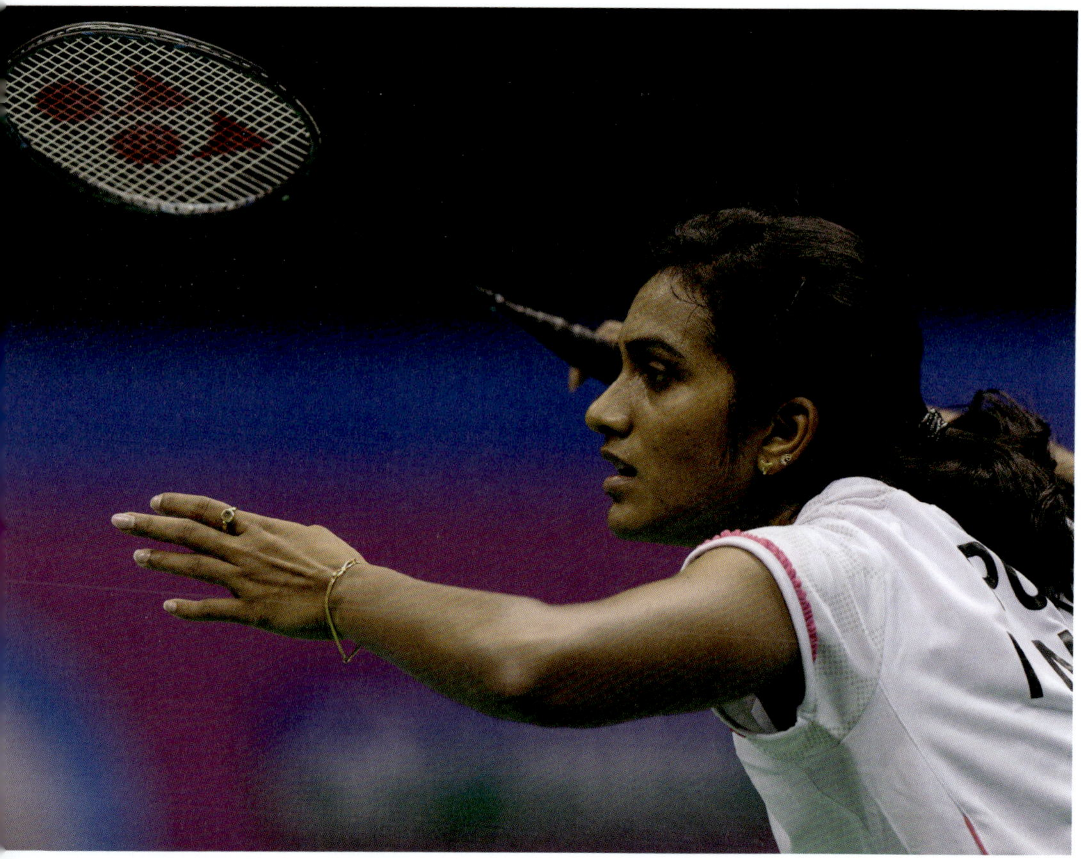

DIE AUFMERKSAMKEIT STEUERN

Es ist nicht möglich, die Aufmerksamkeit ununterbrochen dem eigenen Handeln zuzuwenden. Denn diese „springt" ständig hin und her, ist enorm schwer festzuhalten und widmet sich immer wieder Bereichen, die für die Erbringung der sportlichen Leistung eher kontraproduktiv sind. Deshalb ist es sinnvoll, die Athletinnen und Athleten zu animieren, im Handlungsvollzug innezuhalten und sich in kritischen Phasen neu zu konzentrieren.

Von der Wortbedeutung her meint „Konzentration", sich um ein Zentrum zusammenzuziehen. Besonders geeignet dafür sind natürliche Unterbrechungen oder Pausen. So kann sich ein Tennisspieler vor dem eigenen Aufschlag kurz vom Spielfeld wegdrehen, ins Leere schauen, tief atmen und gleichzeitig als „inneren Film" die geplante Aufschlagbewegung ablaufen lassen.

Vor dem fremden Aufschlag kann er gleichermaßen zur Ruhe kommen und sich vornehmen, alle seine Aufmerksamkeit auf die Antizipation zu lenken. Unterstützend können Stoppcodes wie „langsam" oder „ruhig" wirken. Wenn es um die Antizipation geht, sind als Stoppcodes „schauen" oder „genau schauen" empfehlenswert.

Im Tischtennis und in anderen Rückschlagsportarten ist die 1:1-Regel eine wichtige Hilfe. Damit ist gemeint, dass sich der Spieler vornimmt, von den nächsten beiden Ballwechseln möglichst einen für sich zu entscheiden. Verläuft der erste Ballwechsel positiv, so kann er sich darauf konzentrieren, auch den zweiten erfolgreich zu gestalten. Bei negativem ersten Ballwechsel gilt die gesamte Aufmerksamkeit der Aufgabe, wenigstens den zweiten zu gewinnen. Auf diese Weise sorgt er dafür, dass das Match nicht an ihm „vorbeiläuft", was manchen Athletinnen und Athleten bei hohen Führungen oder hohen Rückständen passiert.

Grundgedanke ist, sich während des Wettkampfs bescheidene Zwischenziele zu setzen, um auf diese Weise die Konzentration wiederherzustellen. Die Aufmerksamkeit soll, das ist das Ziel, sich um dieses nächste kleine Ziel „zusammenziehen".

Bei der Beobachtung von Wettkämpfen höre ich immer wieder Athletinnen und Athleten, die sich selbst „Konzentrier dich!" zurufen. Das ist wenig wirkungsvoll, weil viel zu allgemein. Besser ist es, der Konzentration – wie der Name sagt – einen Mittelpunkt zu geben.

Das kann die besondere Beachtung einer leichtfüßigen Beinarbeit sein, die technisch saubere Ausführung komplexer Bewegungsabläufe, die Beschäftigung mit den nächsten taktischen Schritten, die Einteilung der Kräfte, das Überprüfen der eigenen Deckung, die Planung des nächsten Angriffs usw.

Deshalb sollte „Konzentriere dich!" nicht als Stoppcode gewählt werden. Besser ist es, mit spezifischen Selbstanweisungen wie „Beinarbeit", „Arm durchziehen", „Grenze", „Dosieren", „Schlagkombination" usw. zu arbeiten, weil es dadurch der schwer zu steuernden Aufmerksamkeit leichter möglich wird, sich um ein Zentrum herum zu kristallisieren.

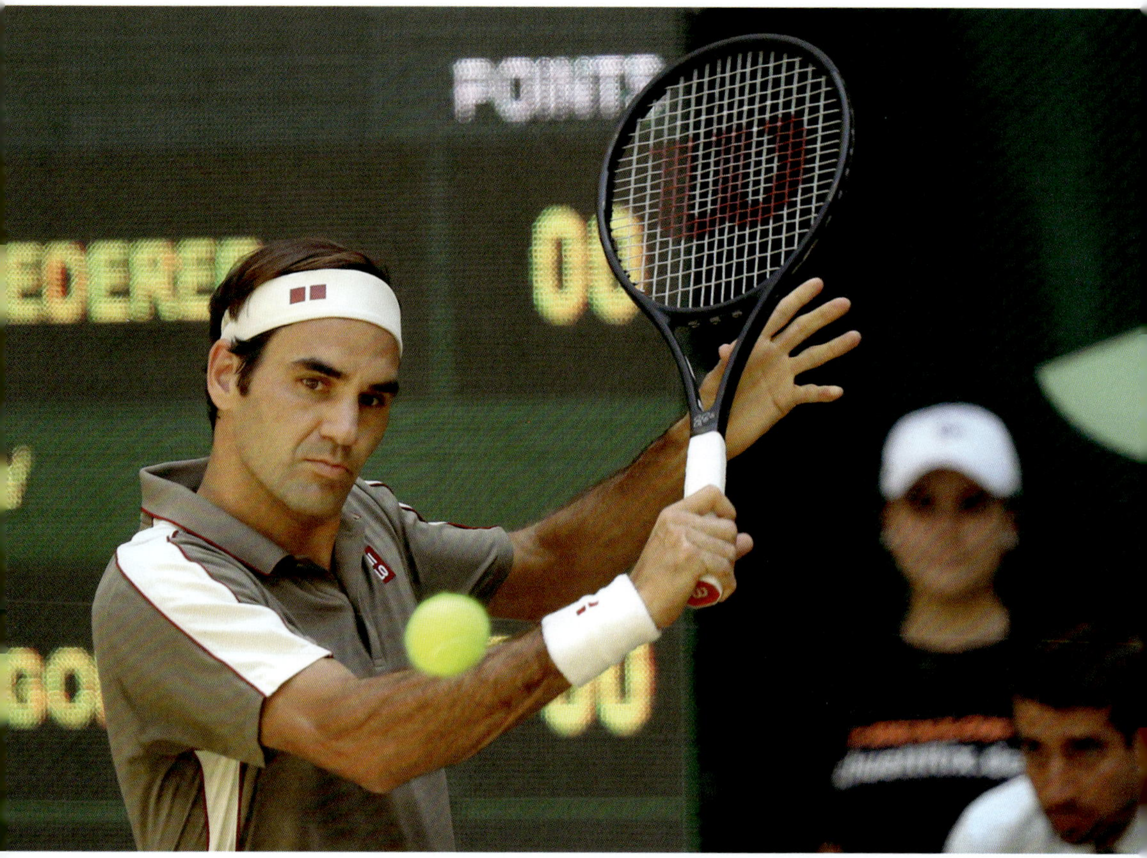

Wird für das sportpsychologische Coaching die Optimierung der Antizipation als Arbeitsschwerpunkt gewählt, so beginnt der Lernprozess lange vor der Wettkampfphase. Erfolgreich antizipieren kann man nur dann, wenn man weiß, auf welche Bereiche man achten muss. Entscheidend ist, die Zukunft „lesen" zu lernen.

In jeder Sportart sind es andere Reize, die das kommende Geschehen verlässlich ankündigen. Der Coach muss die Aufmerksamkeit der Sportlerinnen und Sportler auf diese Aspekte lenken. Das können Körperhaltungen sein, Blickbewegungen, die Stellung der Schulter, das Drehen des Handgelenks, Veränderungen in der Frequenz der Schritte oder ganz besondere Eigenheiten der Kontrahenten, wie wir es im Beispiel von Boris Beckers prophetischer Zunge gesehen haben.

Athletinnen und Athleten, die sich mit dem „Lesen" gegnerischer Bewegungen schwertun, sollten Übungsreihen durchlaufen (vgl. Kap. C4), durch die sie es lernen, die entscheidenden Hinweisreize zunehmend sicherer zu identifizieren.

Werden unter Leistungsdruck einzelne **Techniken** mangelhaft ausgeführt, so bietet es sich an, mit dem **Vorstellungstraining** zu arbeiten, wie in Kap. C5 dargestellt. Ist dagegen die **Diskrepanz** zwischen Trainings- und Wettkampfleistung groß, dann ist die Simulation von Handlungsdruck hilfreich, wie im **„Einmaligkeitstraining"** in Kap. C6 dargestellt.

3.4 TRAINING MIT DER AUDIODATEI

Bei allen Arbeitsschwerpunkten spielen Stoppcodes eine besondere Rolle. Warum? Unhörbares inneres Sprechen ist die Befehlssprache des Bewusstseins.

Im hier vorgestellten sportpsychologischen Coaching wird den Sportlerinnen und Sportlern beigebracht, sich auf besonders wirkungsvolle Weise selbst Befehle zu geben. Das funktioniert ähnlich wie im bekannten Sketch des Kabarettisten Otto Waalkes nach dem Motto: „Großhirn an Blutdruck". Das Bewusstsein übernimmt dadurch die Kontrolle, dass es gut eingeübte Selbstanweisungen sendet, die in Kooperation zwischen Coach und Athleten ausgearbeitet wurden.

Im Mittelpunkt des Trainings steht in allen Sportarten das Ausüben der Sportart selbst. Training bedeutet im Laufsport, in erster Linie zu laufen, im Boxsport zu boxen, im Tennis mit Schläger und Bällen zu üben usw. Ergänzend kommen Aufwärmen, Kraftübungen, Stretching usw. hinzu. Wann ist da noch Zeit für sportpsychologisches Coaching und entsprechendes Training mit dem Tonträger? Grundsätzlich sind drei Zeitpunkte möglich:

1. **vor** dem sportartspezifischen Training;
2. **nach** dem Training;
3. ganz **getrennt** vom Training.

Setzt man das sportpsychologische Coaching samt Training mit der Audiodatei direkt vor dem sportartspezifischen Training an, dann hat dies zwei Vorteile. Erstens sind die Athletinnen und Athleten weder erschöpft noch nass geschwitzt. Folglich sind sie geistig frisch und zudem nicht in der Gefahr, sich zu erkälten. Zweitens können sie direkt in den nachfolgenden Trainingseinheiten Anregungen, Impulse und auch Stoppcodes in ihr Agieren einbauen.

Das ist vor allem dann von Nutzen, wenn es um Wettkampfsimulationen geht, in denen Entscheidungssituationen bewusst herbeigeführt werden im Sinne eines Einmaligkeitstrainings.

Im professionellen Sport ist der Zeitpunkt vor dem Training gut einzulösen. Im Amateursport ist das schwieriger, weil die Sportstätten häufig erst am Abend für einen limitierten Zeitraum zur Verfügung stehen. Dadurch kann sich der für das sportartspezifische Training zur Verfügung stehende zeitliche Umfang verkürzen, was bei den Athletinnen und Athleten in der Regel einen gewissen Unmut auslöst.

Wird das sportpsychologische Coaching samt Training mit dem Tonträger aus organisatorischen Gründen an das übliche sportartspezifische Training angehängt, dann ist das nach meinen Erfahrungen nicht unproblematisch.

Erstens ergibt sich eine Übergangsphase, weil die Athletinnen und Athleten sich in der Regel zuerst duschen und umziehen müssen. Dafür brauchen Menschen unterschiedlich lange, weshalb schlecht planbare Wartezeiten einzukalkulieren sind.

Zweitens erfordert das körperliche Training Kraft und Aufmerksamkeit, sodass die mentale Bereitschaft für Coaching plus Training mit der Audiodatei nicht immer in erwünschtem Maße vorhanden ist.

Drittens besteht die Gefahr, sich zu erkälten, wenn man zum Beispiel liegend mit der Langform übt, etwas erschöpft ist und nachschwitzt.

Sportpsychologisches Coaching samt Training mit der Audiodatei sollte keine einmalige Sache sein, sondern eine regelmäßige Maßnahme zur Stabilisierung der sportlichen Leistungen. Das wird häufig übersehen. Als Sportpsychologe wird man vor allem dann gerufen, wenn es „brennt". Und sobald die Problematik einigermaßen bewältigt ist, erscheint man entbehrlich.

Hinter dieser Auffassung steht ein „Krankheitsmodell": Zum Arzt geht man, wenn man krank ist; wenn man gesund ist, dann benötigt man keinen Doktor mehr.

Besser ist es, das sportpsychologische Coaching samt Training mit der Audiodatei als festen Teil in den sportlichen Alltag zu integrieren. Ein zusätzlicher Zeitpunkt ist dafür günstig: Man ist weder verschwitzt noch erschöpft noch geht wertvolle Zeit für das übliche Training verloren. Umgekehrt ist ein zusätzlicher Termin einzukalkulieren, was nicht immer einfach ist.

3.5 COACHING IM ZEITABLAUF

Ausgehend von einem bevorstehenden Wettkampf, stellt sich die Frage, was kann ich als Coach zu verschiedenen Zeitpunkten beitragen? Die Coachingaufgaben unterscheiden sich, zeitlich betrachtet, recht stark und werden hier stichwortartig noch einmal aufgelistet.

LANGE VOR DEM WETTKAMPF

1. Analyse.
2. Festlegen des Arbeitsschwerpunkts.
3. Auswahl der Stoppcodes.
4. Training mit der Audiodatei in der Langform.
5. Verkürzung des Trainings bis zur Sekundenform.
6. Selbstanweisungen in das Einmaligkeitstraining integrieren.
7. Je nach Arbeitsschwerpunkt an positive Leistungen erinnern, Stärken betonen, Ziele setzen, die Antizipation optimieren, mit Bewegungsvorstellungen arbeiten usw.

IN DEN TAGEN VOR DEM WETTKAMPF

1. Athletinnen und Athleten stellen sich die Wettkampfsituation so plastisch wie möglich vor; Beruhigung mit der 10-Minuten-Form (systematische Desensibilisierung).
2. Wettkampfsimulationen mit ansteigendem Leistungsdruck schaffen.
3. Langform am Abend vor dem Wettkampf.

AM WETTKAMPFTAG

1. Drei-Minuten-Form in das Aufwärmen einbauen.
2. Kurz vor Beginn des Wettkampfs die Minutenform einsetzen.
3. Während des Wettkampfs zur Sekundenform animieren und Stoppcodes eventuell von außen zurufen.
4. In Wettkampfpausen akzeptierend coachen und nur wenige Tipps geben.
5. Nach dem Wettkampf reflektieren: Was hat geholfen? Was hat irritiert?

E WIE KANN ICH ALS SPORTLERIN ODER SPORTLER ALLEINE MIT BUCH UND AUDIODATEI TRAINIEREN? – EINE KURZE ANLEITUNG

Nicht alle Athletinnen und Athleten sind in der komfortablen Situation, von einem Coach sportpsychologisch betreut zu werden. Deshalb sollen hier Anregungen gegeben werden für den Fall, dass jemand ohne persönlichen Coach „stark im Kopf" werden möchte.

ANALYSEPHASE PLUS ANALYSEBOGEN

Arbeitet man alleine an sich, so stellt die Analysephase eine besondere Herausforderung dar. Drei Schritte können helfen, zu einer treffsicheren Selbsterkenntnis zu kommen.

Erstens kann man sich selbst fragen, in welchen Situationen die Trainingsleistung gegenüber der Wettkampfleistung deutlich abfällt.

Zweitens kann man Sportkollegen bitten, ihre Fremdeinschätzung mitzuteilen.

Drittens kann man als Reflexionshilfe die weiter vorne beschriebenen 28 Fragen verwenden: 10 Fragen der **allgemeinen Selbstanalyse** „Wie stark bin ich im Kopf?" sowie die **Fragenkataloge** zu emotionalen Reaktionen (sechs Fragen), Motivationsmustern (sechs Fragen) oder Konzentrationsproblemen (sechs Fragen). **Im nachfolgenden Analysebogen können die Ergebnisse festgehalten werden.**

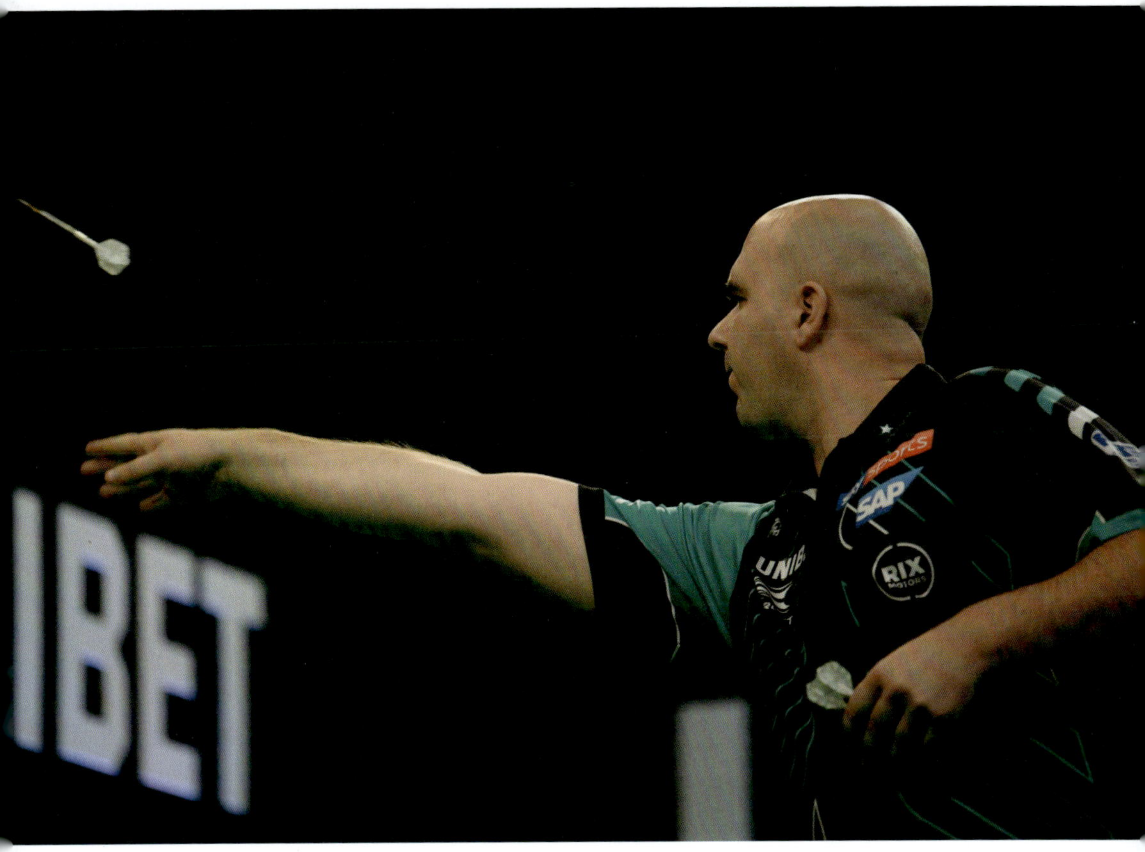

ANALYSEBOGEN FÜR DAS SPORTPSYCHOLOGISCHE PROGRAMM „STARK IM KOPF – ERFOLGREICH IM SPORT“

1. Arbeitsschwerpunkt

Welche Handlungsweise möchte ich gerne verändern?

(Hierzu auch die Fragen aus der allgemeinen Selbstanalyse und aus den drei speziellen Fragenkatalogen verwenden sowie die Informationen aus Fremdeinschätzungen.)

----

2. Ziel

Wie möchte ich anstelle meines bisherigen unerwünschten Handelns agieren können?

3.

Analyse

Wie läuft mein Handeln im Moment ab? Was denke ich? Was fühle ich? Was ist in kritischen Leistungssituationen typisch für mich? (Hierzu auch Personen fragen, die mich gut kennen.)

4.

Vorboten und Auslöser

Was geht dem bisherigen unerwünschten Handeln voraus? Lässt es sich Sekunden, Minuten oder gar Stunden davor schon ahnen, dass ich mein unerwünschtes Handeln erneut zeigen werde?

An welchen inneren oder äußeren Signalen kann ich das erkennen?

Was löst mein unerwünschtes Handeln aus?

5.

Zwei Stoppcodes formulieren

Welcher Stoppcode würde mir helfen, um erfolgreich mit meinen **Emotionen** umzugehen?

Welcher Stoppcode würde mir helfen, um in meiner **Sportart** erfolgreich zu sein (Technik, Strategie, Einteilung der Kräfte, Aufmerksamkeit, Antizipation usw.)?

----

3. **Bewegungsvorstellung**

Welche Bewegung oder welche besondere Technik möchte ich mir ganz plastisch in Zeitlupe vorstellen, um meine Leistung zu optimieren?

7.

Erinnerung an einen Wettkampf

In welchem Wettkampf habe ich an der Obergrenze meiner Leistungsfähigkeit agiert?

Wettkampfort

Gegnerinnen oder Gegner

Welche besonderen Wettkampfsituationen sind mir noch in Erinnerung?

Welche Gefühle stiegen in mir am Ende des Wettkampfs auf? War ich zufrieden mit mir? War ich stolz auf mich? Haben mir andere Personen gratuliert? Gab es eine Siegerehrung?

3.

Nächster Wettkampf

Wettkampfort, kenne ich ihn?

Gegnerinnen oder Gegner, kenne ich sie?

Worum geht es in diesem Wettkampf?

Was nehme ich mir für diesen Wettkampf vor?

MEIN TRAININGSPROGRAMM IM ZEITABLAUF

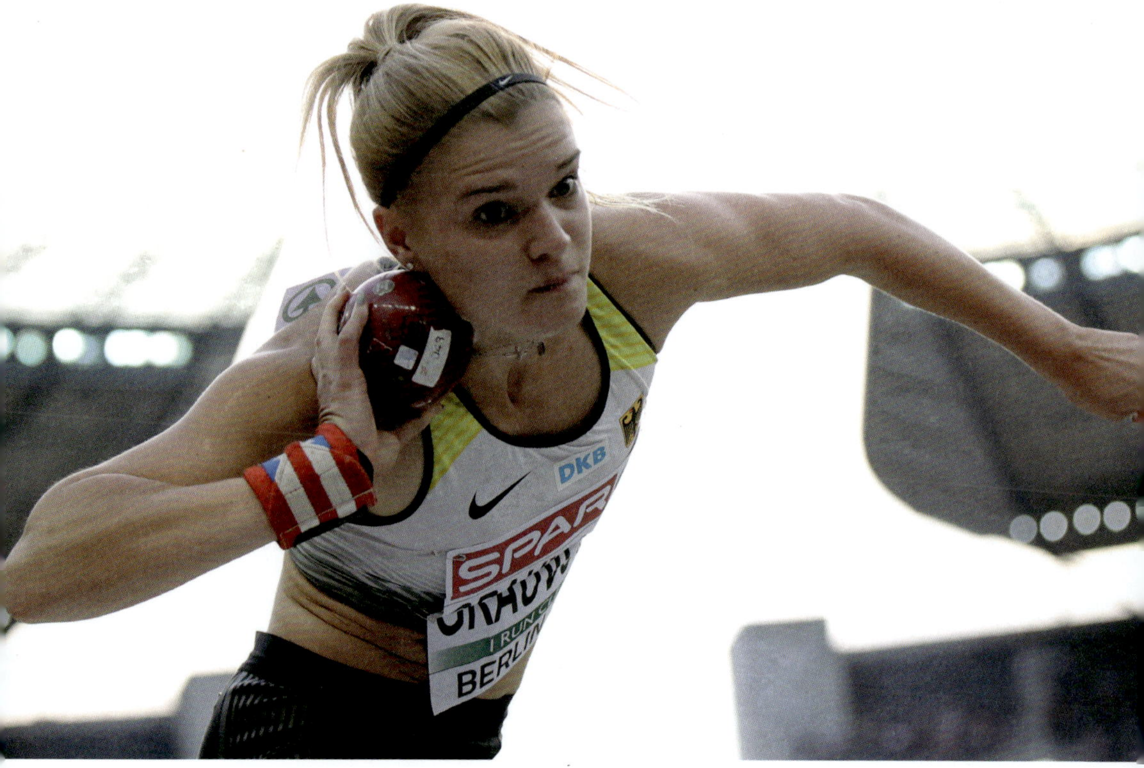

LANGE VOR DEM WETTKAMPF

1. **Analyse** mit Festlegen des Arbeitsschwerpunkts, Auswahl der Stoppcodes, Betonen der eigenen Stärken, Erinnerung an positive Leistungen, Auswahl einer zu optimierenden Bewegung oder Technik, Training mit der Audiodatei in der Langform, Verkürzung des Trainings bis zur Sekundenform.
2. **Veränderung** der Gestaltung des sportartspezifischen **Trainings** dahin gehend, dass Entscheidungssituationen simuliert werden („Einmaligkeitstraining").
3. **Integration von Stoppcodes**, Bewegungsvorstellungen usw. in die Wettkampfsimulationen.

IN DEN TAGEN VOR DEM WETTKAMPF

1. Sich die Wettkampfsituation plastisch **vorstellen** (Ort, Gegner usw.), die zugehörigen Emotionen in sich aufsteigen lassen und sich danach mit der Langform beruhigen (systematische Desensibilisierung).
2. In das sportartspezifische Training **vermehrt** Wettkampfs**imulationen** mit Entscheidungscharakter einbauen (Einmaligkeitstraining).
3. Am Abend vor dem Wettkampf mit der **Langform** des Tonträgers arbeiten, sich beruhigen, über die eigenen Erfolge nachdenken, mit Bewegungsvorstellungen arbeiten.
4. Sich **Handlungsziele** setzen gegen besonders schwache bzw. besonders starke Gegnerinnen und Gegner.

AM WETTKAMPFTAG

1. Die **Drei-Minuten-Form** in das **Aufwärmen** integrieren. Dazu möglichst einen ungestörten Platz suchen, an einer Wand im Stehen den Kopf auf den Unterarm legen, die Augen schließen, tiefe Bauchatmung, Stoppcodes, an Stärken erinnern usw.
2. Kurz vor Beginn des Wettkampfs **Ein-Minuten-Form**: Die Augen schließen oder ins Leere schauen, die tiefe Bauchatmung mit den beiden Stoppcodes begleiten.
3. **Während** des Wettkampfs mit **Stoppcodes** arbeiten.
4. **Pausen und Handlungsunterbrechungen** für Stoppcodes, Bauchatmung und Bewegungsvorstellungen nutzen.
5. Sich bei Konzentrationsproblemen **Zwischenziele** setzen, wie es z. B. die 1:1-Regel nahelegt.

ANHANG

1 LITERATUR

[1] Beckmann J. & Elbe A.-M. (2011). *Praxis der Sportpsychologie*. Balingen: Spitta Verlag.

[2] Gubelmann, H. & Stoll, O. (2019). Optimierung der Bewegungsvorstellung und der Aufmerksamkeitsregulation. In K. Staufenbiel, M. Liesenfeld & B. Lobinger (Hrsg.), *Angewandte Sportpsychologie für den Leistungssport* (S. 204-220). Göttingen: Hogrefe.

[3] Memmert, D. & Leiner, S. (2020). *Tennisspiele werden im Kopf entschieden*. Aachen: Meyer & Meyer Verlag.

[4] Wahl, D. (1991). *Handeln unter Druck*. Weinheim: Deutscher Studien Verlag.

[5] Reinmann, P. & Rapp, A. (2008). Expertiseerwerb. In A. Renkl (Hrsg.), *Lehrbuch Pädagogische Psychologie* (S. 155-203). Bern: Huber.

[6] Meichenbaum, D. W. (2003). *Intervention bei Stress. Anwendung und Wirkung des Stressimpfungstrainings*. Bern: Huber.

[7] Wahl, D. (2013). *Lernumgebungen erfolgreich gestalten. Vom trägen Wissen zum kompetenten Handeln*. Bad Heilbrunn: Klinkhardt.

[8] Cranach, M. von (1983). *Die Organisation zielgerichteter Handlungen: Ein Forschungsbericht*. Psychologisches Institut der Universität Bern.

[9] Hanin, Y. L. (2000). *Emotions in sport*. Chicago: Human Kinetics.

[10] Izard, C. E. (1981). *Die Emotionen des Menschen*. Weinheim: Beltz.

[11] Alfermann, D. & Stoll, O. (2017). *Sportpsychologie*. Aachen: Meyer & Meyer.

[12] Wahl, D. (2020). *Wirkungsvoll unterrichten in Schule, Hochschule und Erwachsenenbildung*. Bad Heilbrunn: Klinkhardt.

[13] Heckhausen, H., Gollwitzer, P. M. & Weinert, F. E. (Hrsg.). (1987). *Jenseits des Rubikon. Der Wille in den Humanwissenschaften*. Berlin: Springer.

[14] Meichenbaum, D. W. (1979). *Kognitive Verhaltensmodifikation*. München: Urban & Schwarzenberg.

[15] Brand, R. (2010). *Sportpsychologie*. Wiesbaden: Verlag für Sozialwissenschaften.

[16] Csíkszentmihályi, M. (1996). *Das Flow-Erlebnis. Jenseits von Angst und Langeweile im Tun aufgehen*. Stuttgart: Klett.

[17] Rheinberg, F. (1995). *Motivation*. Stuttgart: Kohlhammer.

[18] Bandura, A. (1997). *Self-efficacy: The exercise of control*. New York: Freeman.

[19] Reng, R. (2010). *Robert Enke: Ein allzu kurzes Leben*. München: Piper.

[20] Achtziger, A. & Gollwitzer, P. M. (2006). Motivation und Volition im Handlungsverlauf. In J. Heckhausen & H. Heckhausen (Hrsg), *Motivation und Handeln* (S. 277-302). Heidelberg: Springer.

[21] Loffing, F., Canal-Bruland, R. & Hagemann, N. (2014). Antizipationstraining im Sport. In K. Zentgraf & J. Munzert (Hrsg.), *Kognitives Training im Sport* (S. 137-160). Göttingen: Hogrefe.

[22] Agassi, A. (2011). *Open. Das Selbstporträt*. München: Knaur.

[23] Eberspächer, H. (2019). *Mentales Training*. Grünwald: Stiebner.

[24] Pöppel, E. (2006). *Der Rahmen*. München: Hanser.

[25] Pöppel, E. & Wagner, B. (2012). *Je älter, desto besser*. München: Goldmann.

[26] Kuhl J. (2001). *Motivation und Persönlichkeit: Interaktionen psychischer Systeme*. Göttingen: Hogrefe.

[27] Schultz, J. H. (1932). *Das autogene Training (konzentrative Selbstentspannung). Versuch einer klinisch-praktischen Darstellung*. Leipzig: Thieme.

[28] Jacobson, E. (1990). *Entspannung als Therapie. Progressive Relaxation in Theorie und Praxis*. München: Pfeiffer.

[29] Aebli, H. (1980; 1981). *Denken: Das Ordnen des Tuns. Band I und II*. Stuttgart: Klett-Cotta.

[30] Wölfle, C. (2020). *Die Bedeutung von Selbstgesprächen im leichtathletischen Mehrkampf*. Pädagogische Hochschule Weingarten: Unveröffentlichte Bachelorarbeit.

[31] Mayer, J. & Hermann, H. D. (2009). *Mentales Training*. Heidelberg: Springer.

2 ZUM AUTOR

Prof. Dr. Diethelm Wahl ist Psychologe. Er coacht Spitzensportler in zahlreichen Disziplinen. Seine Habilitationsschrift hat er zum Thema „Handeln unter Druck" verfasst. Auf wissenschaftlicher Grundlage hat er ein Trainingsprogramm entwickelt und über viele Jahre hinweg evaluiert, das Sportlerinnen und Sportlern hilft, in kritischen Wettkampfsituationen erfolgreich zu agieren. Als Universitätsprofessor ist er in der Lehrerbildung und Erwachsenenbildung tätig.

www.prof-diethelm-wahl.de

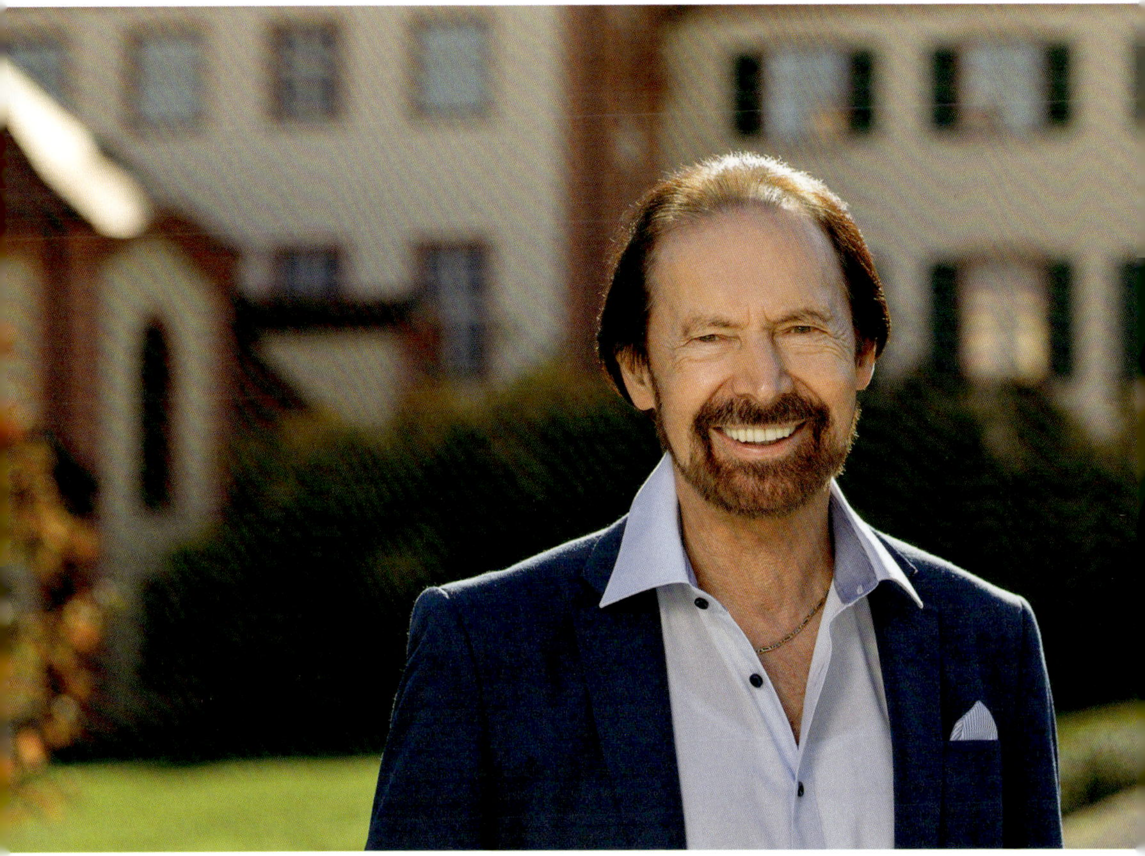

3 AUDIODATEI

Manche Betreuerinnen und Betreuer bevorzugen es, jenen Text selbst zu sprechen, der sich auf der Audiodatei befindet, weshalb er hier in vollem Wortlaut wiedergegeben wird. Das hat verschiedene Vorteile:

I. Das Gesprochene kann passgenau auf die aktuelle Situation abgestimmt werden.
II. Die zeitliche Dauer kann je nach Bedarf variiert werden.
III. Es kann in jener Sprache gesprochen werden, welche die Sportlerin oder der Sportler am besten verstehen.

Diese Audiodatei enthält fünf Teile:

I. Allgemeine Hinweise zum Umgang mit diesem Programm.
II. Eine Langform von etwa 10 Minuten zum Einüben der Stoppcodes, zur Bewegungsvorstellung, zur positiven Erinnerung an einen Wettkampf sowie zur Vorbereitung auf den nächsten Wettkampf.
III. Eine Drei-Minuten-Form, die in die Aufwärmphase vor dem Wettkampf eingeschoben wird.
IV. Eine Ein-Minuten-Form direkt vor Beginn des Wettkampfs.
V. Eine sekundenschnelle Form, die mitten im Wettkampf zur Handlungsunterbrechung dient.

TEIL I: ALLGEMEINE HINWEISE

Bevor du mit diesem Programm zu üben beginnst, musst du einige Vorbereitungen treffen.

Finde mit dem **Analysebogen** heraus, an welchem Punkt du dein bisheriges Handeln verändern möchtest. Analysiere, wie du bisher in kritischen Leistungssituationen reagiert hast und woran du frühzeitig erkennen kannst, dass die Problematik erneut auftreten wird - im Analysebogen unter „Vorboten und Auslöser" zu finden.

Dann brauchst du zwei **Stoppcodes**. Dies sind wenige Worte, die du dir in kritischen Wettkampfsituationen innerlich sagst. Diese ganz speziell auf dich zugeschnittenen Worte sollen ungünstige Entwicklungen abstoppen. Deshalb nennt man sie Stoppcodes. Stoppcodes sind **positiv** formuliert, denn sie sollen dir sagen, was du tun musst.

Den **ersten Stoppcode** benötigst du für den kompetenten Umgang mit deinen **Emotionen**. Bewährte Stoppcodes hierfür sind „**ruhig**", „**locker**", „**langsam**" oder „**relax**".

Den **zweiten Stoppcode** benötigst du für die Optimierung eines technischen oder taktischen Bereichs. Dieser Stoppcode ist sehr spezifisch, je nachdem, welche Sportart du ausübst. Er kann sich auf eine Schlagtechnik, auf die Einteilung der Kräfte, auf die Beinarbeit, auf die Motivation usw. beziehen. Er könnte also „Beinarbeit" oder „dosieren" oder „voll durchziehen" oder „Du kannst es" usw. heißen. Da musst du dir eine passende Formulierung ausdenken.

Außerdem benötigst du eine **Bewegung** oder eine **Technik**, die du dir vorstellen sollst. Es sollte eine deiner erfolgreichsten Bewegungen oder Techniken sein. Zum Beispiel eine Bewegung deiner Arme oder Beine, eine Kontertechnik, ein spezieller Aufschlag, ein Topspin usw.

Damit Du diese Technik möglichst perfekt ausführen kannst, sollst du sie dir ganz plastisch in einer langsamen **Zeitlupe** vorstellen.

Des Weiteren brauchst du eine **Erinnerung** an einen **Wettkampf**, in dem du wirklich gut warst. Du solltest dir diesen Wettkampf (Ort, Gegnerin oder Gegner, Ergebnis, einzelne besondere Aktionen von Dir) gut vorstellen können. Wichtig ist, dass du an der **oberen Grenze** deiner Leistungsfähigkeit agiert hast und dass du dich an die mit diesem Wettkampf verbundenen **positiven Gefühle** erinnern kannst.

Schließlich kannst du noch einen Wettkampf auswählen, der **in nächster Zeit** auf dich zukommt und auf den du dich mental vorbereiten möchtest.

- Wo wird der Wettkampf stattfinden?
- Mit wem hast du es zu tun?
- Worum geht es in diesem Wettkampf?

TEIL II: LANGFORM DES SPORTPSYCHOLOGISCHEN PROGRAMMS „STARK IM KOPF – ERFOLGREICH IM SPORT“ MIT EINER DAUER VON ETWA 10 MINUTEN

Versuche, eine bequeme **Haltung** im Liegen oder im Sitzen zu finden. ---

Schließe die Augen sanft. ---

Atme tief --- ruhig --- gleichmäßig --- und entspannt. ---

Beobachte die Bewegungen deiner Bauchdecke. ---

Beim Einatmen wölbt sich diese nach außen. ---

Beim Ausatmen fällt sie nach innen ein. ---

Lasse deine Bauchdecke möglichst große Wege zurücklegen. ---

Denke nun an deinen Stoppcode zum kompetenten Umgang mit **Emotionen**, zum Beispiel an „ruhig" oder „locker" oder "langsam" oder „relax". --- Begleite deine Atmung, indem du parallel dazu innerlich deinen ersten Stoppcode sprichst. Atme ruhig und gleichmäßig und sage dir bei jedem Atemzug deinen Stoppcode. Begleite nun die nächsten **Atemzüge mit deinem Stoppcode.**

(Pause von 20 Sekunden)

Um zu einer noch tieferen Entspannung zu kommen, spannst du jetzt einige **Muskelpartien** an und entspannst sie, indem du deinen Stoppcode als Entspannungsbefehl benutzt. ---

Wir beginnen mit den **Händen**. ---

Balle beide Hände zur Faust. ---

Spanne tüchtig an, spüre deine Kraft. ---

Lasse genau in dem Moment los, in dem du dir innerlich deinen Stoppcode sagst. Tue dies jetzt!

(Pause von fünf Sekunden)

Atme tief --- ruhig --- gleichmäßig --- und entspannt. ---

Balle nochmals beide Hände zur Faust. ---

Winkle zusätzlich deine **Arme** an, spanne die Bizeps an. ---

Spüre deine Kraft in beiden Händen und Armen. ---

Lasse genau in dem Moment los, in dem du dir innerlich deinen Stoppcode sagst. Tue dies jetzt!

(Pause von fünf Sekunden)

Wir kommen nun zu den **Schultern**. Ziehe beide Schultern vorne über der Brust zusammen. ---

Drücke die Schultern weit nach hinten. ---

Hebe deine Schultern so weit wie möglich nach oben. ---

Ziehe sie nun ganz weit nach unten. ---

Zum Schluss noch einmal vorne über der Brust zusammenziehen. ---

Spüre deine Kraft in den Schultern. ---

Lasse genau in dem Moment los, in dem du dir innerlich deinen Stoppcode sagst. Tue dies jetzt!

(Pause von fünf Sekunden)

Wir arbeiten mit dem **Kopf** weiter.

Ziehe den Kopf nach vorne auf die Brust. ---

Drücke ihn nach hinten in den Nacken. ---

Ziehe ihn auf die eine Schulter. ---

Dann auf die andere Schulter. ---

Zum Schluss noch einmal nach vorne auf die Brust. ---

Spüre deine Kraft. ---

Lasse genau in dem Moment los, in dem du dir innerlich deinen Stoppcode sagst. Tue dies jetzt!

(Pause von fünf Sekunden)

Gehe nun mit deiner Beobachtung **durch deinen Körper** und prüfe nach, ob alle Muskelpartien entspannt sind. ---

Beginne bei den Zehen --- jetzt zu den Waden --- Oberschenkel --- Gesäß --- Rücken --- Schultern --- Nacken --- Hände --- Arme --- Gesicht. ---

Begleite nun die nächsten **Atemzüge mit deinem Stoppcode.**

(Pause von 20 Sekunden)

Gehe nun mit deinen Gedanken zu einer deiner erfolgreichsten **Techniken oder Bewegungen**. ---

Welche Technik oder Bewegung willst du dir vorstellen? ---

Lege dies jetzt fest. ---

Lasse nun diese Bewegung oder Technik vor deinem inneren Auge **in einer ganz langsamen Zeitlupe** ablaufen --- so, dass alles stimmt.

(Pause von 10 Sekunden)

Gehe nun mit deinen Gedanken in die **Vergangenheit**. ---

Denke an einen Wettkampf, in dem du wirklich gut warst. Das muss nicht perfekt gewesen sein. Aber doch so, dass du mit deiner eigenen Leistung zufrieden warst. ---

Welchen Wettkampf willst du dir vorstellen? ---

Stelle dir den **Ort** vor, deine Gegnerin oder deinen Gegner. ---

Stelle dir einige gute **Aktionen** vor, Aktionen, in denen du erfolgreich warst.

(Pause von 10 Sekunden)

Gehe nun zum Ende des Wettkampfs. ---

Du warst zufrieden mit dir.

Andere haben dir vielleicht gratuliert und dir gesagt, dass du gut warst. ---

Erinnere dich an diese positiven Momente. ---

Lasse die positiven Gefühle noch einmal in dir aufsteigen.

(Pause von 10 Sekunden)

Wir gehen nun zu deinem **nächsten Wettkampf**. ----

Wann wird er stattfinden? ---

Wo wird er stattfinden? ---

Wie **wichtig** ist der Wettkampf für dich? ---

Mit wem hast du es zu tun? ---

Vielleicht bemerkst du, wie deine Anspannung beim Gedanken an den nächsten Wettkampf ein wenig ansteigt. ---

Konzentriere dich deshalb auf die tiefe Bauchatmung. ---

Atme tief --- ruhig --- gleichmäßig --- und entspannt. ---

Beobachte die Bewegungen deiner Bauchdecke. ---

Beim Einatmen wölbt sich diese nach außen. ---

Beim Ausatmen fällt sie nach innen ein. ---

Lasse deine Bauchdecke möglichst große Wege zurücklegen. ---

Denke nun an jene beiden Stoppcodes, die für den bevorstehenden Wettkampf besonders wichtig sind. ---

Begleite die nächsten Atemzüge abwechselnd mit beiden Stoppcodes.

(Pause von 20 Sekunden)

Bereite dich nun auf das **Ende** der **Langform** des Programms „Stark im Kopf – erfolgreich im Sport" vor. --- ---

Bewege zuerst deine Zehen --- jetzt deine Fußgelenke – bewege deine Finger --- deine Hände --- räkle und strecke dich --- und mache die Augen wieder auf.

(Pause von 10 Sekunden)

TEIL III: DREI-MINUTEN-FORM DES SPORTPSYCHOLOGISCHEN PROGRAMMS „STARK IM KOPF – ERFOLGREICH IM SPORT"

ZUM EINSCHIEBEN IN DIE AUFWÄRMPHASE VOR DEM WETTKAMPF

Suche einen möglichst **ungestörten** Platz. Lehne dich im Stehen mit der Stirn an eine Wand, wobei der Kopf auf dem Unterarm aufruht. Oder wähle eine andere entspannte Haltung. ---

Atme tief --- ruhig --- gleichmäßig --- und entspannt. ---

Beobachte die Bewegungen deiner Bauchdecke. ---

Beim Einatmen wölbt sich diese nach außen. ---

Beim Ausatmen fällt sie nach innen ein. ---

Lasse deine Bauchdecke möglichst große Wege zurücklegen. ---

Denke nun an jene beiden **Stoppcodes**, die du gleich im Wettkampf einsetzen willst. Den ersten Stoppcode für den Umgang mit deinen Emotionen. Den zweiten für deine spezielle Sportart.

Begleite die nächsten Atemzüge abwechselnd mit deinen beiden Stoppcodes.

(Pause von 10 Sekunden)

Gehe nun mit deinen Gedanken in die **Vergangenheit**. ---

Denke an einen Wettkampf, in dem du wirklich gut warst. In dem du an der Obergrenze deiner Leistungsfähigkeit agiert hast. Stelle dir einige gute **Aktionen** vor, Aktionen, in denen du erfolgreich warst.

(Pause von 10 Sekunden)

Gehe nun mit deinen Gedanken zu einer deiner erfolgreichsten **Techniken oder Bewegungen**. ---

Welche Technik oder Bewegung willst du dir vorstellen? ---

Lasse nun diese Bewegung oder Technik vor deinem inneren Auge **in einer ganz langsamen Zeitlupe** ablaufen --- so, dass alles stimmt.

(Pause von 10 Sekunden)

Konzentriere dich wieder auf deine Atmung. ---

Atme tief --- ruhig --- gleichmäßig --- und entspannt. ---

Denke nun an die beiden Stoppcodes, die für den bevorstehenden Wettkampf besonders wichtig sind. **Begleite die nächsten Atemzüge abwechselnd mit beiden Stoppcodes.**

(Pause von 10 Sekunden)

Nimm dir fest vor, während des Wettkampfs mit deinen Stoppcodes zu arbeiten. ---

Öffne nun wieder die Augen --- bewege dich --- und mache dich warm für den Wettkampf.

(Pause von 10 Sekunden)

TEIL IV: EIN-MINUTEN-FORM DES SPORTPSYCHOLOGISCHEN PROGRAMMS „STARK IM KOPF – ERFOLGREICH IM SPORT“

DIREKT VOR BEGINN DES WETTKAMPFS

Schaue ins Leere oder halte dir ein Handtuch vors Gesicht.

Konzentriere dich auf deine Atmung. ---

Atme tief --- ruhig --- und gleichmäßig. ---

Denke nun an jene beiden Stoppcodes, die für den bevorstehenden Wettkampf besonders wichtig sind. **Begleite die nächsten Atemzüge abwechselnd mit beiden Stoppcodes.**

(Pause von 10 Sekunden)

TEIL V: SEKUNDENSCHNELLE FORM DES SPORTPSYCHOLOGISCHEN PROGRAMMS „STARK IM KOPF – ERFOLGREICH IM SPORT“

MITTEN IM WETTKAMPF

Variante 1

Für die Anwendung eines Stoppcodes während einer Unterbrechung

Schaue ins Leere. ---

Atme tief. ---

Sprich dazu innerlich einen deiner Stoppcodes.

Variante 2

Für die Verbesserung der Bewegungsausführung während einer Unterbrechung

Schaue ins Leere. ---

Atme tief. ---

Stelle dir den Ablauf einer ausgewählten Technik oder Bewegung in einer langsamen Zeitlupe vor.

4 QR – CODE ZUM HERUNTERLADEN DER AUDIODATEI

AUDIODATEI